studio d A1

Deutsch als Fremdsprache

Testheft

von
Hannelore Pistorius
Nelli Mukmenova

studio d **A1**
Deutsch als Fremdsprache
Testheft

Herausgegeben von Hermann Funk

Im Auftrag des Verlages erarbeitet von Hannelore Pistorius und Nelli Mukmenova

In Zusammenarbeit mit der Redaktion:
Andrea Finster, Andrea Mackensen (verantwortliche Redakteurin),
Gunther Weimann (Projektleitung)

Beratende Mitwirkung:
Christina Kuhn, Silke Demme, Britta Winzer

Illustrationen: Andreas Terglane
Layout und technische Umsetzung: Satzinform, Berlin
Umschlaggestaltung: Klein & Halm Grafikdesign, Berlin

Weitere Kursmaterialien:
Kurs- und Übungsbuch ISBN 978-3-464-20707-9
Audio-CD ISBN 978-3-464-20711-6
Vokabeltaschenbuch ISBN 978-3-464-20713-0
Sprachtraining ISBN 978-3-464-20708-6
Lerner-CD-ROM ISBN 978-3-464-20725-3
Video A 1 (VHS) ISBN 978-3-464-20726-0
Video A 1 (DVD) ISBN 978-3-464-20831-1
Unterrichtsvorbereitung (print) ISBN 978-3-464-20732-1
Unterrichtsvorbereitung interaktiv auf CD-ROM ISBN 978-3-464-20746-8

www.cornelsen.de

1. Auflage, 2. Druck 2009

Alle Drucke dieser Auflage sind inhaltlich unverändert und können im Unterricht nebeneinander verwendet werden.

Druck: CS-Druck CornelsenStürtz, Berlin

ISBN 978-3-464-20822-9

 Inhalt gedruckt auf säurefreiem Papier aus nachhaltiger Forstwirtschaft.

Inhalt

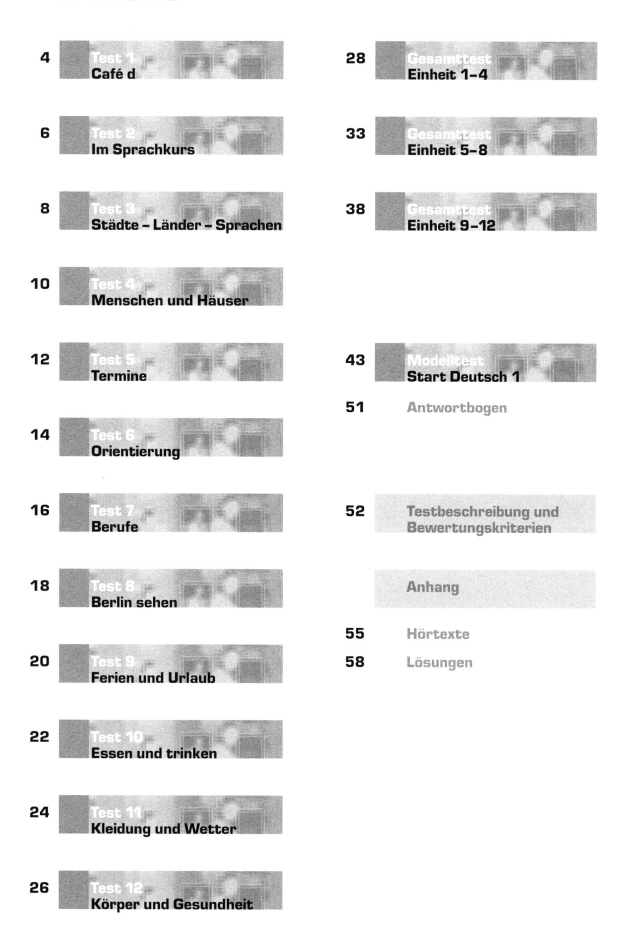

Test 1
Café d

Name	Kurs	Datum	Punkte	
			insgesamt	**40**

---

1 Ein Gespräch im Café. Lesen Sie den Dialog. Markieren Sie fünf Verben. **5**

- ■ Guten Tag. Ist hier noch frei?
- ◆ Ja, bitte. Was trinken Sie?
- ■ Kaffee, bitte.
- ◆ Wir haben viele Kaffeevariationen: Mokka? Espresso? Cappuccino?
- ■ Ich nehme einen Cappuccino, bitte. Und du, Claudia? Was trinkst du?
- ● Cappuccino und ein Mineralwasser.
- ■ Also: Wir nehmen zwei Cappuccino und ein Mineralwasser.

---

2 Im Café in Wien. Was passt zusammen? Verbinden Sie. **5**

Sind Sie aus Wien?	1	a Im Hotel „Merkur".
Was trinken Sie?	2	b Zusammen oder getrennt?
Zahlen, bitte!	3	c Nein, ich bin Tourist.
Woher kommen Sie?	4	d Einen Espresso, bitte.
Wo wohnen Sie?	5	e Aus Italien.

---

3 Zahlentraining. Schreiben Sie die Zahlen. **5**

1. _drei_
2. ....
3. ....
4. ....
5. ....
6. ....

---

4 Zahlen, bitte! Ergänzen Sie die Preise. **5**

a) 2 x Cappuccino _3,20 € = Das macht drei Euro und_ ....

b) 2 x Eistee ....
....

c) 1 x Tee und 1 x Fanta ....
....

d) 2 x Mineralwasser ....
....

e) 2 x Kaffee und 1 x Coca Cola ....

Getränke

Warme Getränke		Alkoholfreie Getränke		
Tasse Kaffee	1,30 €	Mineralwasser	0,25 l	1,40 €
Cappuccino	1,60 €	Eistee	0,2 l	1,80 €
Espresso	1,20 €	Fanta	0,2 l	1,60 €
Tasse Tee	1,30 €	Coca Cola	0,2 l	1,60 €

---

5 Verben im Café. Ergänzen Sie.   5

zahlen – ~~trinkst~~ – nehme – macht – kommen – Sind

1. Was ....*trinkst*........ du?

2. Ich .... einen Kaffee, bitte.

3. .... Sie auch im Deutschkurs?

4. Woher .... Sie? Aus der Türkei?

5. Wir möchten ...., bitte!

6. Alles zusammen. Was .... das?

6 Fragen über Personen. Welches Fragewort passt? Kreuzen Sie an.   5

	Woher?	Wo?	Wie?	Was?	
1.		✗			… wohnt Andrea Fiedler? – In Erding bei München.
2.					… arbeitet sie? – Bei Siemens in München.
3.					… ist ihr Hobby? – Ski fahren.
4.					… kommt Milena Filipova? – Aus der Slowakei.
5.					… findet sie Wien? – Fantastisch!
6.					… studiert Magda in Jena? – Sie studiert Deutsch.

7 Ergänzen Sie das Fragewort.   5

1. ■ .... heißen Sie?   ◆ Andreas Fillinger.

2. ■ .... kommen Sie?   ◆ Aus Frankreich.

3. ■ .... arbeiten Sie?   ◆ Bei Porsche in Stuttgart.

4. ■ .... sprechen Sie?   ◆ Deutsch und Italienisch.

5. ■ .... wohnen Sie?   ◆ In Dresden, Sachsenring 24.

8 In der Sprachschule. Ergänzen Sie das richtige Verb.   5

Frau Schiller ....*ist*.......[1] Deutschlehrerin.   ist/sind

Sie ....[2] an der Gloria-Sprachschule.   arbeiten/arbeitet

In ihrem A1-Kurs ....[3] zwölf Studenten.   bist/sind

Sie ....[4] aus sieben Ländern.   komme/kommen

Der Kurs ....[5] international.   bin/ist

Die Studenten ....[6] mit dem Kursbuch   lernt/lernen

oder am Computer.

5

Test 2
Im Sprachkurs

Name	Kurs	Datum	Punkte	
			insgesamt	40

1 **Im Kurs. Verbinden Sie die Fragen und Antworten.** 5

Können Sie das bitte buchstabieren? 1

Können Sie das bitte wieder-holen? 2

Wo arbeiten Sie? 3

Können wir eine Pause machen? 4

Können Sie mich verstehen? 5

Können Sie das bitte anschreiben? 6

a Okay. 15 Minuten. Sie haben Zeit für einen Kaffee.

b Bei ZEISS-Optik in Jena.

c Gern. Videorekorder: V-I-D-E-O-R-E-K-O-R-D-E-R.

d Nein, sprechen Sie bitte langsamer.

e Ja klar. Wo ist die Kreide?

f Ja: Fenster, das Fenster.

2 *Der* Löwe – *das* Haus – *die* Tasche. **Ergänzen Sie die Artikel.** 5

1. __die__ Tafel und __der__ Schwamm

2. _____ Familie und _____ Foto

3. _____ Mädchen und _____ Junge

4. _____ Stuhl und _____ Tisch

5. _____ Heft und _____ Bleistift

6. _____ Papier und _____ Füller

3 **Was kostet das? Ergänzen Sie den Plural.** 5

6 für nur 30,00 €   10 für nur 4,50 €   5 für nur 3,00 €   2 für nur 16,00 €

20 für nur 15,00 €

4 für nur 35,80 €

1. Sechs __Taschenbücher__ kosten nur 30 Euro.

2. Zehn _____ kosten nur 4,50 Euro.

3. Fünf _____ kosten nur 3,00 Euro.

4. Zwei _____ kosten nur 16,00 Euro.

5. 20 _____ kosten nur 15,00 Euro.

6. Vier _____ kosten nur 35,80 Euro.

4 *Ein/eine.* **Ergänzen Sie den unbestimmten Artikel.** 5

1. Ist das _____ Eis oder __eine__ Torte?

2. Ist das _____ Mann oder _____ Frau?

3. Ist das _____ Kuli oder _____ Füller?

4. Ist das _____ Buch oder _____ Video?

5. Ist das _____ Löwe oder _____ Hund?

5 *Kein/keine.* Ergänzen Sie.

1. Nein, das ist .... Torte.
2. Nein, das ist .... Mann.
3. Nein, das ist .... Füller.
4. Nein, das ist .... Buch.
5. Nein, das ist .... Löwe.

6 Schreiben Sie für die Personen, was passt.

a) kein Englisch – b) kein Auto – c) keine Kinder – d) kein Haus – e) keine Pizza

1. Marc kann ▪, er spricht Deutsch und Französisch.
2. Ben hat ▪, er hat ein Fahrrad.
3. Sascha isst ▪, er mag sie nicht.
4. Jens und Barbara haben ▪, sie wohnen in einem Apartment.
5. Naomi hat ▪, sie hat einen Hund.

7 Lesen Sie die Texte. Was passt? Ordnen Sie zu.

GREGOR DIEHL lebt in Brasilien. Er arbeitet seit fünf Jahren bei VW in Sao Paolo. Gregor ist mit Gisela verheiratet. Ihre Kinder, Franziska und Sven, besuchen die Deutsche Schule. Gisela arbeitet dort in der Bibliothek. Die Familie spricht drei Sprachen: Deutsch, Portugiesisch und Englisch.

JENNY CLARK wohnt in Montreal in Kanada. Sie studiert Medizin. Sie hat auch einen Job in einer Klinik. Dort arbeitet sie zwei Tage die Woche. Für Hobbys hat sie wenig Zeit, aber sie macht Musik in einem Studentenorchester. Sie spricht Englisch und Französisch.

Gregor – Jenny (2 x) – Familie Diehl – Gisela

1. .... ist Studentin.
2. .... arbeitet an der Deutschen Schule.
3. .... hat eine Frau und zwei Kinder.
4. .... macht Musik und spricht zwei Sprachen.
5. .... spricht drei Sprachen.

8 Schreiben. Ergänzen Sie die Anmeldung für Oliver Bergmann.

OLIVER BERGMANN wohnt in Rüsselsheim, im Ginsterweg 12. Er arbeitet als Ingenieur bei Opel. Dort hat er auch eine E-Mail-Adresse: oliver.bergmann@opel.de. Er möchte einen Englischkurs an der Volkshochschule machen.

Name: ....
Adresse: ....
....
E-Mail: ....
Beruf: ....

Name	Kurs	Datum	Punkte
			insgesamt **40**

1 Sehenswürdigkeit – Stadt – Land. Schreiben Sie je zwei Sätze wie im Beispiel. **10**

Rom – Berlin – Russland – Deutschland – Wien – Türkei – Österreich –
Istanbul – Italien – Moskau

1. Das ist der Eiffelturm.
   Der Eiffelturm ist in Paris.
   Paris liegt in Frankreich.

4. Das ist die Hagia Sophia.
   ....
   ....

2. Das ist das Brandenburger Tor.
   ....
   ....

5. Das ist der Kreml.
   ....
   ....

3. Das ist der Prater.
   ....
   ....

6. Das ist das Kolosseum.
   ....
   ....

2 Reiseprojekte: Welche Reise passt? Ordnen Sie zu. **5**

1. ▢ Sie wohnen in Berlin und möchten nach Russland fahren.
2. ▢ Sie möchten nach Europa reisen und viele Hauptstädte sehen.
3. ▢ Sie möchten Berlin kennen lernen.
4. ▢ Sie lieben die Türkei. Und Sie möchten dort viel Kunst sehen.
5. ▢ Klaus studiert Englisch. Er möchte einen Kurs in den USA machen.

a **10-Tage-Rundfahrt** zu den europäischen Metropolen: **Paris – London – Berlin – Moskau**, nur 499 Euro, inkl. Übernachtung in 3-Sterne-Hotels

b **Guided Tour durch Berlin**
Sehen Sie das Brandenburger Tor, die Staatsoper Unter den Linden, das Sony Center am Potsdamer Platz und vieles mehr!

e Acht Tage **Moskau – St. Petersburg.** Ab Berlin, Airport BBI Berlin-Schönefeld.

c *Sprachreisen nach New York.* ☞ Intensivkurs nur € 250.

d **Vier Tage Istanbul** mit seinen Moscheen, Bazars und Museen für islamische Kunst. Direktflug vom Rhein-Main-Airport mit Turkish Airlines.

3 Was spricht man in Barcelona? Ordnen Sie den Dialog. **5**

◆ ▢ Ach ja, stimmt! In Spanien spricht man mehrere Sprachen.
◆ ▢ Danke, gut. Und dir?
◆ ▢ Nein, leider nicht. Ich kann kein Spanisch.
■ *1* Hallo Anne, wie geht's?
■ ▢ In Barcelona sprechen die meisten Leute aber Katalanisch.
■ ▢ Sehr gut. Ich war drei Tage in Barcelona. Warst du schon mal dort?

4 Zwei E-Mails. Richtig oder Falsch? Kreuzen Sie an.　　　　　　　5

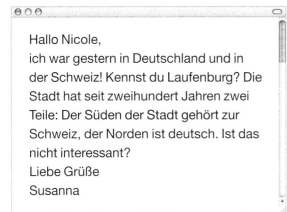

Hallo Nicole,
ich war gestern in Deutschland und in der Schweiz! Kennst du Laufenburg? Die Stadt hat seit zweihundert Jahren zwei Teile: Der Süden der Stadt gehört zur Schweiz, der Norden ist deutsch. Ist das nicht interessant?
Liebe Grüße
Susanna

Liebe Susanna,
ich war auch schon mal in der Schweiz. In Lugano. Dort spricht man Italienisch. Laufenburg kenne ich nicht. Sprechen die Menschen dort Deutsch oder Französisch? Die Schweiz ist ein Land mit vielen Sprachen. Das mag ich.
Grüße
Nicole

1. Susanna war in Laufenburg.　　　　　　　　　　　Richtig　Falsch
2. Laufenburg ist eine Stadt im Süden der Schweiz.　　Richtig　Falsch
3. Nicole war noch nicht in Laufenburg.　　　　　　　Richtig　Falsch
4. In Laufenburg spricht man Italienisch.　　　　　　　Richtig　Falsch
5. In der Schweiz sprechen alle Deutsch.　　　　　　　Richtig　Falsch

5 Was ist richtig? Kreuzen Sie an.　　　　　　　5

1. Kennst du Basel? Basel liegt ▢ im Schweiz ▢ in der Schweiz.
2. Die Stadt liegt ▢ westlich von Zürich ▢ vom Westen in Zürich.
3. Ich wohne in Lüttich. Das ist eine Stadt ▢ in Belgien ▢ nach Belgien.
4. Wo liegt denn das? Die Stadt liegt ▢ westlich von Bonn ▢ westlich in Bonn.
5. Im Süden von Belgien? Nein, ▢ östlich in Belgien ▢ im Osten von Belgien.

6 Schreiben Sie Fragen zu den Antworten.　　　　　　　5

1. ....　Ich wohne in Kreuzberg.
2. ....　Ja, ich spreche Deutsch und Spanisch.
3. ....　Ja, ich kenne Spanien.
4. ....　Ich studiere Spanisch.
5. ....　Ja, ich war in Granada.

7 Welches Wort ist richtig? Kreuzen Sie an.　　　　　　　5

Hallo Wim,
du weißt, ich (1) jetzt in Aachen. Das (2) im Westen von Deutschland.
Gestern war ich bei einem Picknick mit „euregionalem" Essen: Schokolade aus Belgien, Saft aus Deutschland und Essen aus Holland. Interessant, (3) ich dir!
Ich (4) auch viele neue Freunde. Wir (5) Deutsch, Französisch oder Holländisch.
Die Mehrsprachigkeit lebt!
Rosa

1. a) ▢ wohne　　2. a) ▢ liege　　3. a) ▢ sagen　　4. a) ▢ habe　　5. a) ▢ sprechen
　 b) ▢ wohnt　　　　b) ▢ liegt　　　　b) ▢ sage　　　　b) ▢ haben　　　　b) ▢ spricht

Name	Kurs	Datum	Punkte
			insgesamt **40**

1 Wie wohnt Familie Wirth? Richtig oder falsch? Kreuzen Sie an. **5**

Susanne Wirth und ihr Mann Guido wohnen auf dem Land in Österreich. Sie haben ein Haus mit Garten. Susanne erzählt: „Unser Haus ist groß. Es hat sechs Zimmer, eine Küche und zwei Badezimmer. Es ist sehr groß. Unsere Kinder studieren jetzt in Graz und haben dort zusammen eine Wohnung. Aber ich liebe das Haus. Die Küche ist groß und hell, sie ist sehr schön – und wir haben einen Garten! Mein Mann und ich sind sehr gern draußen und arbeiten im Garten. Nein, ich möchte nicht in Graz leben. Wir wohnen gern auf dem Land!"

1. Susanne und Guido haben ein Haus.   Richtig Falsch
2. Susanne findet ihr Haus sehr klein.   Richtig Falsch
3. Es hat nur ein Badezimmer.   Richtig Falsch
4. Die Kinder wohnen in der Stadt.   Richtig Falsch
5. Der Garten macht zu viel Arbeit.   Richtig Falsch

2 Possessivartikel im Nominativ. Was sagt Susanne? Kreuzen Sie an. **5**

(1) Haus ist sehr groß. Aber es ist sehr schön. (2) Küche ist auch schön. Sie ist groß und hell. (3) Mann ist gern draußen im Garten.
(4) Kinder leben in Graz. (5) Wohnung ist nicht teuer. Aber ich frage oft: „Ist (6) Wohnung nicht zu klein?" Sie sagen, sie wohnen gern zentral.

1. ✗ Unser   2. ☐ Deine   3. ☐ Sein   4. ☐ Unsere   5. ☐ Ihre   6. ☐ ihre
   ☐ Sein   ☐ Unsere   ☐ Mein   ☐ Ihre   ☐ Deine   ☐ eure

3 Wohnung gesucht! Was passt? Sehen Sie sich die Bilder an und ordnen Sie zu.
Was passt nicht? Machen Sie ein X. **5**

a   b   c   d

Wohnung für Senioren. Wohn- und Schlafzimmer, Mini-Küche und Bad, 48 qm,
Service (Essen, Reinigung, Einkaufen)
einmal pro Tag.
1 ☐

Familienhit! Bauernhaus auf
dem Land: fünf Zimmer, Küche
und Bad. Garten 80 qm
2 ☐

2-Zimmer-Wohnung im
Hochhaus: ruhig, Bal-
kon, 300 €.
3 ☐

Altbauwohnung in der City: luxus-
saniert, 4 Zimmer mit Balkon,
2 Bäder. 1200 € + NK
4 ☐

4-Zimmer-Wohnung mit Balkon.
Ideal für Studenten. Liegt zentral. Nur 750 € kalt.
5 ☐

4 Wie finden Sie die Wohnung? Ergänzen Sie das Gegenteil. **5**

1. ■ Die Zimmer sind hell. ◆ Nein, sie

   sind zu ....

2. ■ Der Balkon ist groß. ◆ Ich finde den

   Balkon ....

3. ■ Der Flur ist schön und kurz. ◆ Nein,

   er ist .... und viel zu

   ....

4. ■ Die Küche ist modern. ◆ Aber der Herd ist ....

5. ■ Die Wohnung ist billig. Nur 450 Euro. ◆ Das ist viel zu ....!

Die Wohnung ist ruhig. *Die Wohnung ist zu laut.*

5 In der Wohnung. Welches Wort passt nicht? Streichen Sie durch. **5**

1. das Arbeitszimmer: der Schreibtisch – die Bücher – der Herd – der Computer
2. die Küche: der Sessel – der Kühlschrank – der Herd – der Stuhl
3. das Schlafzimmer: das Bett – der Spiegel – die Kommode – der Esstisch
4. das Kinderzimmer: das Bett – der Schrank – die Waschmaschine – der Computer
5. das Bad: das Waschbecken – das Sofa – die Toilette – die Badewanne

6 Umzugs-Chaos. Artikel im Akkusativ. Ergänzen Sie Nomen und Artikel. **10**

das Waschbecken – das Bett – ~~der Kühlschrank~~ – der Wohnzimmertisch –
die Schreibtischlampe – die Tassen

1. die Küche: Ich habe einen Herd, aber *keinen Kühlschrank* ....

2. das Arbeitszimmer: Ich habe einen Schreibtisch, aber k ....

3. das Wohnzimmer: Ich habe zwei Sessel und ein Sofa, aber ich suche noch

   e ....

4. das Bad: Die Toilette ist ok, aber ich finde d .... zu klein.

5. das Schlafzimmer: Mein Schrank und die Kommode sind schon da. Aber ich

   habe k .... !

6. die Küche: Ich mache Tee, aber ich finde d .... nicht!

7 Über die Wohnung sprechen. Fragen und Antworten. Verbinden Sie. **5**

Ist das eure neue Wohnung? **1**

Habt ihr Platz für eure Möbel? **2**

Was macht ihr denn dann mit dem Schreibtisch? **3**

Ihr wohnt sehr zentral. Ist die Wohnung ruhig? **4**

Habt ihr schon Telefon? **5**

a Nein, der Schreibtisch ist zu groß für das Arbeitszimmer.

b Ja, unsere Nummer ist: 8201735.

c Ja, das ist unsere Wohnung. Wir wohnen jetzt zwei Wochen hier.

d Er steht jetzt im Flur. Da ist viel Platz.

e Ja, nur unser Arbeitszimmer liegt zur Straße und ist laut.

Test 5
Termine

Name   Kurs   Datum   Punkte

insgesamt   **40**

1   **Wie spät ist es in …? Ergänzen Sie.**   **5**

New York `12:30` – Berlin `18:30`   Moskau `20:45` – Sidney `4:45`   Rio de Janeiro `14:20` – London `16:20`

1. New York   *halb eins*   Berlin ....

2. Moskau   .... Sidney ....

3. Rio de Janeiro .... London ....

2   **Lars macht einen Sprachkurs in Irland. Was macht er wann? Ergänzen Sie.**   **10**

a) ▪ Wann steht ihr auf?

   ◆ Wir stehen .... [1] 8 Uhr auf.

   ▪ Und von wann .... [2] wann
     gibt es Frühstück?

   ◆ .... [3] 9 Uhr .... [4]
     9 Uhr 45.

b) ▪ Wann beginnt der Sprachkurs?

   ◆ Der Kurs beginnt .... [5] 10 Uhr.

c) ▪ Und wann gibt es Mittagessen?

   ◆ Um Viertel .... [6] zwölf.

d) ▪ Hast du auch Freizeit?

   ◆ Ja, abends .... [7] acht

     .... [8] zehn Uhr habe ich frei.

     Und klar, ... [9] Samstag und
     Sonntag auch.

   ▪ Wann gehst du schlafen?

   ◆ Ach, schon .... [10] zehn Uhr!

Montag bis Freitag	
	8:00 aufstehen
	9:00 – 9:45 Frühstück
	10:00 – 12:00 Sprachkurs
	12:15 – 13:15 Mittagessen
	13:30 – 16:30 Sprachkurs
	16:45 – 18:45 Sport/Musik/Theater
	19:00 – 20:00 Abendessen
	20:00 – 22:00 freie Aktivitäten
	22 Uhr schlafen!
Samstag	*frei!!*
Sonntag	*frei!!*

3   **Entschuldigungen. Ergänzen Sie: *hatte – war.***   **5**

1. Entschuldigung, ich .... *hatte* .... keine Zeit.

2. Entschuldigen Sie, aber ich .... leider krank.

3. Mein Wecker .... kaputt. Und dann .... mein Zug Verspätung.

4. Es tut mir leid, aber ich .... keinen Stadtplan.

5. Tut mir leid, ich .... im Stau.

4 Lesen Sie die Anzeigen. Was ist richtig, was ist falsch? Kreuzen Sie an.

5

Praxis Dr. Jahn

Montag bis Donnerstag 8–12, 14–16 Uhr
Freitag 8–14 Uhr

Mittwoch keine Sprechstunde

1

Tagesticket:
tägl. von 9–24 Uhr

Wochenend-Ticket:
von Samstag 10.00 Uhr
bis Sonntag 2.00 Uhr

2

Heute Abend im Salsalón

20 Uhr Tanzkurs für Anfänger/innen (immer dienstags)
22 Uhr Salsaparty mit DJ Pedro

3

Schwarzwälder Uhrenmuseum

Große Sammlung von Kuckucksuhren.
365 Tage im Jahr
von 9 bis 16 Uhr geöffnet

4

Hotel Post
Fitness-Studio und Sauna

Mo 12–18 Uhr
Di–Sa 8–22 Uhr
So 10–15 Uhr

5

---

1. Am Mittwoch hat Dr. Jahn von acht bis zwölf Uhr Sprechstunde. Richtig Falsch
2. Es ist Dienstag, neun Uhr. Sie können jetzt mit dem Tagesticket fahren. Richtig Falsch
3. Sie können heute Abend ab 22 Uhr Salsa lernen. Richtig Falsch
4. Das Uhrenmuseum ist am Sonntag geöffnet. Richtig Falsch
5. Sie können am Sonntagabend in die Sauna gehen. Richtig Falsch

5 Verneinung. Schreiben Sie die Sätze mit *nicht.*

5

1. Wir gehen oft in die Disko. ....
2. Ich komme morgen mit. ....
3. Wir treffen uns am Samstag. ....
4. Am Freitag um neun kann ich. ....
5. Ich rufe dich morgen an. ....

6 Trennbare Verben. Schreiben Sie Sätze.

5

1. ansehen: ich – mir – die Fotos – heute   *Ich sehe mir die Fotos heute an.*
2. anfangen: die Show – um zehn Uhr   ....
3. anrufen: ich – am Montag – um acht Uhr   ....
4. aufstehen: ich – morgen – um 7:30 Uhr   ....
5. ausgehen: wir – am Samstagabend – oft   ....
6. einkaufen: sie – gern und viel   ....

7 Termin beim Arzt. Ordnen Sie den Dialog.

5

- ■ *1* Praxis Dr. Jens Ude.
- ◆ ▢ Um halb zwei – ja, das passt gut.
- ■ ▢ Waren Sie schon einmal hier?
- ◆ ▢ Guten Tag, hier ist Sven Anderson. Ich hätte gern einen Termin.
- ■ ▢ Am Mittwoch leider nicht, aber am Donnerstag. Können Sie um 13 Uhr 30?
- ◆ ▢ Ja. Ist am Mittwoch Sprechstunde?

Test 6
Orientierung

Name	Kurs	Datum	Punkte
			insgesamt **40**

1 Was sagen Camilla (C) und Markus (M)? Lesen Sie die Texte und ordnen Sie zu. | **5**

Ich heiße Markus Braun und bin Ingenieur bei Siemens in München. Ich wohne südlich von München, am Starnberger See. Mit der S-Bahn ist es eine Dreiviertelstunde bis ins Zentrum. München ist eine schöne Stadt: Es gibt viel Kultur, schöne alte Häuser, aber auch moderne Sportzentren. Man kann hier gut arbeiten und wohnen.

Ich bin Camilla Neubert und wohne mit meiner Familie in Altona bei Hamburg. Ich bin Redakteurin. Ich fahre immer mit dem Zug in die Stadt, das sind fünfundzwanzig Minuten. Ich lebe gern in Hamburg. Die Leute sind sympathisch und es gibt viel Kultur.

1. _C_ lebt und arbeitet gern in der Stadt.
2. ▨ hat eine Familie.
3. ▨ braucht 45 Minuten bis ins Zentrum.
4. ▨ nimmt den Zug in die Stadt.
5. ▨ arbeitet in München.

2 Fragen an Markus und Camilla. Welche Präposition passt? Kreuzen Sie an. | **5**

1. Wo wohnen Sie? – Ich wohne südlich ▨ in **✗** von München, aber ich arbeite ▨ in ▨ bei München.
2. Und wie fahren Sie ▨ zur ▨ nach Arbeit? – Ich fahre ▨ mit ▨ in der S-Bahn.
3. Wohnen Sie direkt ▨ zu ▨ in Hamburg? – Nein, ich wohne ▨ in ▨ bei Hamburg-Altona.
4. Wo arbeiten Sie? – Ich bin Redakteurin ▨ bei ▨ in einer Tageszeitung.
5. Wo liegt das Verlagshaus? – Das liegt ▨ zum ▨ am Bahnhof. Ich fahre meistens ▨ in ▨ mit dem Zug ins Büro.

3 Was ist wo? Schreiben Sie die Antworten. | **10**

1. Wo ist bitte die EDV-Abteilung?

   In der zweiten Etage rechts.

2. Wo ist bitte die Marketingabteilung?

   ....

←		→
3.	Projektmanagement	Geschäftsführung
2.	Personalabteilung	EDV
1.	Toiletten	Marketingabteilung
EG	Empfang und Sekretariat	Kantine

3. Entschuldigung, wo finde ich das Sekretariat?

   ....

4. Ich suche die Kantine. Wo ist sie bitte? ....

5. Entschuldigung, wo sind die Toiletten? ....

6. Ich möchte zu Herrn Meier von der Geschäftsführung. Wo finde ich ihn bitte?

   ....

4 Das Büro von Camilla. Was ist richtig? Kreuzen Sie an. 5

1. Der Computer steht ☒ auf dem Tisch.
   ☐ unter dem Tisch.

2. Der Bürostuhl steht ☒ vor dem Tisch.
   ☐ auf dem Tisch.

3. Die Regale sind ☐ vor dem Fenster.
   ☒ neben dem Fenster.

4. Das Handy liegt ☒ unter der Zeitung.
   ☐ hinter der Zeitung.

5. Die Tasche ist ☒ hinter den Regalen.
   ☐ zwischen den Regalen.

5 Was findet wann statt? Ergänzen Sie die Sätze. 10

Januar	April	Juli	Oktober
6. 1. Konzert (Hofkirche)			3. 10. Tag der deutschen Einheit (frei!)

Februar	Mai	August	November
5. 2. Tanz der Marktfrauen (Viktualienmarkt, 11 Uhr)			16. 11. Classical Spectacular (Olympiahalle)

März	Juni	September	Dezember
	18. 6. Sommerfest (Odeonsplatz)	20. 9. Oktoberfest (bis 5. 10.)	

1. Am ......*sechsten Ersten*...... ist ein Konzert in der Hofkirche.

2. Am .... findet der Tanz der Marktfrauen auf dem Viktualienmarkt statt.

3. Am .... feiern wir den Tag der deutschen Einheit.

4. Das Sommerfest auf dem Odeonsplatz ist am ....

5. Das Oktoberfest beginnt am ....

6. Am .... ist in der Olympiahalle das Konzert „Classical Spectacular".

6 Termine, Termine. Verbinden Sie. 5

Hallo Herr Jung, hier Fritzsche. **1**

Herr Jung, soll ich den Termin mit Frau Orth am Montag um 11 Uhr verschieben? **2**

Weiter geht es noch um den Termin mit der Marketingabteilung. Geht es bei Ihnen am 21. um 10.30 Uhr? **3**

Und am 25.? **4**

Alles klar, 10 Uhr. Auf Wiederhören! **5**

a Am 21. kann ich leider nicht.

b Auf Wiederhören!

c Oh, ja bitte. Ich kann am Montag erst um 13 Uhr.

d Guten Tag Frau Fritzsche. Was gibt es?

e Ja, der 25. passt mir gut. Um 10 Uhr?

Test 7
Berufe

1 **Sie suchen Arbeit. Welche Anzeige passt? Ordnen Sie zu.**   5

1. ▨ Sie sind Krankenschwester. Sie möchten aber nicht mehr in einem Krankenhaus arbeiten.
2. ▨ Sie sind Lehrerin für Biologie und Chemie und suchen eine neue Stelle.
3. ▨ Sie sind Kellnerin in einem Restaurant in Basel. Sie möchten in einer anderen Stadt arbeiten.
4. ▨ Sie studieren Politik und Ökonomie und suchen einen guten Job nach dem Studium.
5. ▨ Sie arbeiten als Sekretärin in einer Bank. Sie sprechen Deutsch, Englisch und Spanisch. Sie suchen einen Job mit internationalen Kontakten.

a Lieben Sie den Kontakt mit Menschen? Sprechen Sie mindestens zwei Sprachen? Dann kommen Sie in unser **Servicecenter Team am Rhein-Main-Airport Frankfurt.** Bewerbungen an: personal@fraport.de

b Arztpraxis sucht gelernte **Krankenschwester**, ab 2. Januar! Auch Teilzeit möglich. Kontakt: Frau Müller, Tel.: 447 29 00

c Wir sind eine internationale Consultingfirma und suchen **junge Ökonomen und Ökonominnen** direkt nach dem Studium. Bewerbungen online an info@consult.de

d Goethe-Gymnasium sucht **motivierte Lehrer/innen** für die Fächer Chemie, Biologie, Spanisch und Musik. Bewerbungen an: Dr. Friedrich Apel, Goethe-Gymnasium, Mozartstr. 10, A-4020 Linz

e Für unsere Restaurants in Weinfelden und St. Gallen suchen wir freundliche **Service-Mitarbeiter/innen**. Info@Weinrestaurant.ch

2 **Chaos bei den Verben: Was ist hier falsch? Korrigieren Sie die Sätze.**   8

1. Der Frisör unterrichtet die Haare.

   ....

2. Die Lehrerin verkauft die Schüler.

   ....

3. Die Ärztin organisiert die Patienten.

   ....

4. Der Verkäufer schneidet Tische und Stühle.

   ....

   ....

5. Der Animateur repariert eine Party.

   ....

6. Die Kellnerin untersucht Kaffee oder Tee.

   ....

7. Der Automechaniker schreibt die Autos.

   ....

8. Der Programmierer bringt Computerprogramme.

   ....

3 Fragen an Jan Jacobsen, Fitnesskaufmann in Bochum. Was gehört zusammen? Verbinden Sie.

Was sind Sie von Beruf? **1**	**a** Ja, ich muss am Samstag arbeiten.
Wo arbeiten Sie? **2**	**b** In einem Fitness-Studio in Bochum.
Wie ist Ihre Arbeitszeit? **3**	**c** Ja, ich gehe mit meiner Freundin nach Spanien.
Arbeiten Sie am Wochenende? **4**	**d** Ich bin Fitness-Trainer.
Mögen Sie Ihren Beruf? **5**	**e** Von 10 bis 20 Uhr, fünf Tage in der Woche.
Was finden Sie gut an Ihrem Beruf? **6**	**f** Den Kontakt mit den Mitgliedern.
Haben Sie Pläne für das nächste Jahr? **7**	**g** Ja, ich arbeite gern im Fitness-Studio.

4 Lesen Sie den Text. Was passt? Kreuzen Sie an.

Jan Jacobsen liebt (1) Beruf. Er gibt zweimal in der Woche (2) Aerobic-Kurs. Über seine Arbeit sagt Jan: „In unserem Studio machen wir immer (3) Wochenplan, wir müssen (4) Kurse gut organisieren. Ich muss auch oft (5) Kunden beraten und erklären, wie sie (6) Übungen richtig machen. Und manchmal machen wir im Studio auch (7) Party." Jan kann (8) Freundin nicht so oft treffen. Aber sie haben (9) Plan. Sie möchten als Animateure in Spanien arbeiten. Langsam müssen sie auch schon (10) Koffer packen.

1. a) sein	3. a) einen	5. a) unsere	7. a) eine	9. a) ein
b) seinen	b) ein	b) unseren	b) ein	b) einen
2. a) ein	4. a) die	6. a) ihren	8. a) seine	10. a) die
b) einen	b) den	b) ihre	b) seinen	b) der

5 *können* oder *müssen*? Ergänzen Sie die Sätze.

1. Ich bin krank. Ich ....*kann*.... heute nicht arbeiten. Ich .... zum Arzt.

2. Ich arbeite im Callcenter. Ich .... immer freundlich sein. Aber ich .... nicht früh aufstehen.

3. Herr Fuhrmann ist Pilot. Er .... viele Länder sehen, aber er .... oft am Wochenende arbeiten.

4. Du gehst doch für ein Jahr nach Spanien. .... du gut Spanisch sprechen? – Nein, ich .... noch mehr lernen.

5. Paula .... zuerst ihren Sohn ins Bett bringen. Dann .... sie fernsehen.

6 Schreiben Sie Sätze mit *können* und *müssen*.

1. müssen: heute nicht lange arbeiten   *Ich muss heute*

2. können: früher nach Hause gehen   *Du*

3. können: heute Abend ins Kino gehen   *Wir*

4. müssen: morgen nicht früh aufstehen   *Ihr*

5. können: morgen lange schlafen   *Er*

Test 8
Berlin sehen

Name	Kurs	Datum	Punkte
			insgesamt **40**

1 Jacques kommt aus Genf und macht mit seiner Klasse eine Klassenfahrt. Lesen Sie den Text. Sind die Aussagen richtig oder falsch? Kreuzen Sie an.

7

Morgen fahren wir nach Nürnberg. Drei Tage keine Schule!
1. Tag: Wir fahren mit dem Bus um acht Uhr in Genf ab und sind um 15 Uhr in Nürnberg. Gleich am Nachmittag machen wir eine Stadtrundfahrt. Um 18.30 Uhr gibt es Abendessen. Danach wollen Yannick und ich in eine Disko! Christine und Jennifer wollen lieber ins Opernhaus. Schade!
2. Tag: Wir besichtigen die Kaiserburg. Am Nachmittag besuchen wir das Albrecht-Dürer-Haus. Und nach dem Abendessen wollen wir dann in das Germanische Nationalmuseum, das schließt an diesem Tag erst um zwei Uhr morgens! Cool!
3. Tag: Ich will nach dem Frühstück noch ein paar Geschenke für meine Eltern kaufen. Nach dem Mittagessen geht es schon wieder zurück nach Genf.

		Richtig	Falsch
1.	Die Klassenfahrt dauert drei Tage.	Richtig	Falsch
2.	Die Schüler fahren nach Genf.	Richtig	Falsch
3.	Am Nachmittag besichtigen sie die Stadt.	Richtig	Falsch
4.	Die ganze Klasse geht abends tanzen.	Richtig	Falsch
5.	Am dritten Tag können sie die Kaiserburg besichtigen.	Richtig	Falsch
6.	Das Germanische Nationalmuseum schließt um 14 Uhr.	Richtig	Falsch
7.	Am dritten Tag haben die Schüler am Vormittag frei.	Richtig	Falsch

2 Welches Verb passt? Kreuzen Sie an.

5

1. ins Theater	a) ☐ besuchen	b) ✗ gehen	c) ☐ sehen
2. eine Ausstellung	a) ☐ besuchen	b) ☐ kommen	c) ☐ einkaufen
3. eine Stadtrundfahrt	a) ☐ fahren	b) ☐ machen	c) ☐ gehen
4. Fotos	a) ☐ nehmen	b) ☐ fotografieren	c) ☐ machen
5. eine Kirche	a) ☐ bummeln	b) ☐ gehen	c) ☐ besichtigen

3 Was wollen die Schüler in Nürnberg machen? Ergänzen Sie die Formen von *wollen*.

8

1. Christine und Jennifer, was .... ihr machen? – Wir .... bummeln gehen.

2. Und ihr, Mireille und Gisèle, ... ihr auch einen Bummel machen? –

   Nein, ich .... in den Stadtpark gehen. Und Gisèle .... in ein Café gehen und Schokoladentorte probieren.

3. Jacques, ... du mit uns in die Kaiserburg kommen? – Nein, Yannick und

   ich .... das Germanische Nationalmuseum besuchen.

   Und ich .... auch noch Geschenke für meine Eltern kaufen.

4 Wie kommen wir zu …? Ergänzen Sie die Präpositionen. `5`

~~zum~~ – über – durch – zur – entlang – an

- ■ Entschuldigung, wie kommen wir ___zum___ ¹ Germanischen Nationalmuseum?
- ◆ Gehen Sie hier geradeaus bis _____ ² Kreuzung. Dann links _____ ³ den Albrechtplatz und danach rechts die Lessingstraße _____ ⁴, _____ ⁵ der Bank vorbei und _____ ⁶ das Kartäusertor. Weiter immer geradeaus und dann seht ihr links das Nationalmuseum.

5 Welche Antwort ist richtig? Kreuzen Sie an. `5`

1. Wie komme ich zum Wagnerplatz?
   a) ☐ Gehen Sie geradeaus und an der Kreuzung links.
   b) ☐ Gehen Sie bis zum Wagnerplatz.

2. Wo ist das Germanische National-museum?
   a) ☐ Wir wollen auch zum Museum.
   b) ☐ Ich weiß es leider nicht. Ich bin auch Tourist.

3. Gibt es hier eine Touristeninformation?
   a) ☐ Ja, es gibt hier viele Touristen.
   b) ☐ Ja, gleich hier am Bahnhof.

4. Verzeihung, gibt es in der Nähe ein Café?
   a) ☐ Nein, ich gehe jetzt ins Café.
   b) ☐ Ja, die nächste Straße nach rechts und dann sehen Sie auf der linken Seite das Café „Beck".

5. Welcher Bus fährt zum Hauptbahnhof?
   a) ☐ Der Bus Linie 44.
   b) ☐ Ja, der Bus fährt zum Hauptbahnhof.

6 Wohin geht/fährt Mireille? Schreiben Sie. `5`

1. in den Park
2. _____
3. _____
4. _____
5. _____
6. _____

7 Yannick packt seine Reisetasche. In seinem Zimmer ist Chaos. Ergänzen Sie die Präpositionen. `5`

1. Die Schuhe stehen _____ dem Tisch.
2. Das Handy liegt _____ dem Stuhl.
3. Der Pullover liegt _____ Bücherregal.
4. Die Kamera liegt _____ dem Handy.
5. Der Stadtplan ist _____ der Tasche.

Aber wo ist denn das Programm für die Fahrt?

Test 9
Ferien und Urlaub

Name	Kurs	Datum	Punkte
			insgesamt **40**

1 Wohin in den Urlaub? Welche Überschriften passen zu welchen Anzeigen? Ordnen Sie zu. **5**

a) Reisen und Sport – b) Reisen und Sprachen lernen – c) Reisen und Technik –
d) Reisen und Musik – e) Reisen und gutes Essen

Gala-Musikreise mit dem Kölner Orchester von der Nordsee zum Mittelmeer – 13 Tage von Hamburg nach Monte Carlo. Reisebüro Jungmann, Hamburg.

1 ☐

Urlaub mit dem besten Freund, dem Computer!

Alles über Computer und Internet. Kommen Sie in unser Computer-Camp. www.pc-camp.de

2 ☐

Französisch in Lausanne, Englisch in London, Spanisch auf Mallorca – wir organisieren seit 25 Jahren Ferien-sprachkurse für Schüler von 8 bis 18 Jahren. www.didax.ch

3 ☐

Gourmet-Reise
durch die Vully-Weinberge in Frankreich. Probieren Sie die französische Küche – es kochen für Sie Köche und Bäcker des Vully. www.levully.ch

4 ☐

Lernen Sie **Tennis in einer Woche**. Sieben Übernachtungen mit Frühstück, Abendessen und einem 6-Tages-Tenniskurs! Spa & Sport Resort Marc Aurel, 93 333 Bad Gögging.

5 ☐

2 Das Reise-Tagebuch von Irene Schäfer. Ergänzen Sie das Partizip II. **10**

Am 12. Juli sind wir mit der Bahn nach Hamburg .... (fahren[1]).

Am nächsten Tag sind wir schon um 6 Uhr .... (aufstehen[2]). Nach

dem Frühstück sind wir in den Hafen .... (gehen[3]). Bei der Abfahrt

hat ein Orchester .... (spielen[4]). Auf dem Schiff haben wir dann

im Pool .... (baden[5]), wir haben viel .... (essen[6])

und .... (trinken[7]) und den Reiseführer über Lissabon

.... (lesen[8]). Die Stadt hat uns sehr gut .... (gefallen[9]).
Am nächsten Abend haben wir dann von Gibraltar über das Meer Afrika

.... (sehen[10]).

3 Ferienwörter. Welches Wort passt nicht? Streichen Sie durch. **5**

1. besichtigen: einen Unfall – ein Schloss – den Dom – die Altstadt
2. machen: eine Radtour – einen Strand – einen Bummel – eine Reise
3. fahren: mit dem Auto – in die Ferien – auf die Insel – mit dem Flugzeug
4. übernachten: in einem Hotel – bei einem Freund – in einem Zelt – im Koffer
5. baden: in der Badewanne – in der Fußgängerzone – im Meer – im Schwimmbad

4 Wie ist der Unfall passiert? Ergänzen Sie *haben* oder *sein*.

Frau Schmidt sagt: Ich ....¹ es genau gesehen! Kinder ....² auf dem Radweg Fußball gespielt. Der Ball ....³ auf die Radfahrerin geflogen und sie ....⁴ gefallen.

Herr Schmidt sagt: Nein, das ist nicht richtig! Die Kinder ....⁵ auf der Straße gespielt. Plötzlich ....⁶ ein Auto gekommen. Da ....⁷ die Kinder auf den Radweg gelaufen und die Radfahrerin ....⁸ vom Rad gefallen.

5 Erkan plant seinen Urlaub für das nächste Jahr. Was passt? Kreuzen Sie an.

In den ersten Monaten im neuen Jahr, im (**1**) und Februar, geht das Geschäft nicht so gut. Im (**2**), d.h. im März und April, muss ich viele Kunden besuchen. Und auch im Sommer – im Juli und (**3**) – habe ich viel zu tun. Da bleiben vor den Sommerferien nur der Mai und der (**4**) und nach den Sommerferien der (**5**) und der Oktober. Oder ich mache Skiferien im (**6**) an Weihnachten – dann arbeiten meine Kunden auch nicht.

1. a) ▦ Januar		**3.** a) ▦ November		**5.** a) ▦ September	
b) ▦ Dezember		b) ▦ August		b) ▦ März	
2. a) ▦ Frühling		**4.** a) ▦ Oktober		**6.** a) ▦ Dezember	
b) ▦ Winter		b) ▦ Juni		b) ▦ November	

6 Ein Platz im Feriencamp. Füllen Sie das Formular für die Anmeldung von Nadja aus.

Frau Fischer möchte für ihre Tochter einen Platz im Feriencamp reservieren. Sie will Nadja jeden Morgen zum Camp bringen und am Abend wieder abholen. Nadja macht gern Sport und badet gern, sie fährt auch schon Fahrrad.

Feriencamp *Sport und Spiel am See*
in Halle an der Saale

Name: ....

Vorname: ....

Geburtsdatum: *19.9.2003*

Hobbys: ....

....

Wohnt im Camp: ja / nein

Test 10
Essen und trinken

Name	Kurs	Datum	Punkte
			insgesamt **40**

1 Was hat Frau Bauer eingekauft? Schreiben Sie den Einkaufszettel.

5

....

....

....

....

....

2 Mengenangaben. Was ist hier falsch? In dem Gespräch gibt es sechs Fehler. Korrigieren Sie.

5

■ Guten Tag, was darf es sein?
◆ Ich hätte gern eine ~~Tafel~~ Spaghetti.   *Packung* ....
■ Hier bitte. Darf es noch etwas sein?
◆ Ja, 200 Pfund Salami … und 100 Liter Leberwurst.   ....
■ Gern. Sonst noch etwas?
◆ Butter, zwei Gramm bitte, und   ....

   eine Packung Wasser. Das ist alles.   ....

■ Das macht 10 Kilo 55.   ....

3 Wochenendeinkauf. Was passt? Verbinden Sie.

5

Bitte schön, was darf es sein? **1**   **a** Ja. Welche Äpfel schmecken denn süß?
Noch etwas? **2**   **b** Gut, dann nehme ich zwei Kilo.
Die roten hier. Möchten Sie   **c** Ich nehme ein Kilo Bananen.
probieren? **3**   **d** Erdbeeren? Oh ja, dann geben Sie mir
Das Kilo kostet 2 Euro 99. **4**   noch ein Pfund von den Erdbeeren.
Sonst noch etwas? Wir haben   **e** Gern. Hm, sie schmecken wirklich gut.
auch deutsche Erdbeeren. **5**   Wie viel kosten sie?

4 Was essen und trinken Sie jeden Tag, manchmal, nie? Schreiben Sie Sätze.

10

1. Frühstück: *Zum Frühstück esse ich jeden Tag* ....

   Manchmal esse ich ....   *trinke ich nie.*

2. Mittagessen: *Zum Mittagessen esse ich manchmal* ....

   ....

3. Abendessen: ....

   ....

5 Was essen die Jugendlichen gern? Ergänzen Sie die Sätze.　　　　　**5**

lieber – mehr – besser – am liebsten – am besten

1. Esst ihr gern Fisch mit Reis und Gemüse? – Nein, Fisch schmeckt doch

   .... mit Pommes als mit Reis.

2. Mögt ihr Spaghetti mit Soße aus frischen Tomaten? – Nein, mit Ketchup essen wir

   sie .... als mit Soße.

3. Trinkt ihr gern Orangensaft und Wasser? – Ja, aber Cola mögen wir ....

   ....

4. Ihr esst so viel Fastfood. Warum esst ihr nicht .... gesunde Sachen? –

   Fastfood ist billig und schmeckt gut.

5. Und was schmeckt euch .... ? – Hamburger!

6 Küchenstar Jamie Oliver. Lesen Sie den Text und die Aussagen. Richtig oder falsch?　**5**
Kreuzen Sie an.

Jamie Oliver ist ein Star. Er ist Koch, schreibt
Kochbücher und kocht im Fernsehen. Schon
mit elf Jahren hilft Jamie seinem Vater in
einem Restaurant in England. Mit sechzehn
Jahren lernt er in London und Paris kochen,
dann arbeitet er in vielen Restaurants in Frankreich und Italien. Jamie hat auch eine beliebte
Koch-Show im Fernsehen. Dort zeigt er, wie
wir gut und gesund kochen können. Er kauft
Bio-Lebensmittel auf dem Markt. Er
organisiert ein Projekt an englischen Schulen:
Die Schüler sollen gut und gesund essen.

1. Jamie hat schon als kleiner Junge in einem Restaurant gearbeitet.　Richtig　Falsch
2. Er lernt in Frankreich und Italien kochen.　Richtig　Falsch
3. Er kocht und sieht dabei fern.　Richtig　Falsch
4. Jamie kocht mit Bio-Produkten.　Richtig　Falsch
5. Englische Schüler machen ein Projekt zu gesundem Essen.　Richtig　Falsch

7 Jamies Rezept für Spaghetti mit Tomatensoße. Was passt? Kreuzen Sie an.　　**5**

Die Spaghetti (1). Zwiebel, Schinken und Tomaten in Würfel
(2). Zwiebel und Schinken in der Pfanne kurz (3). Tomaten
und Oregano dazu (4), alles zusammen fünf Minuten lang
kochen. Soße über die Spaghetti (5) und mit Käse bestreuen!

1. a) kochen　　3. a) backen　　5. a) geben
   b) anbraten　　 b) anbraten　　 b) backen

2. a) schneiden　4. a) geben
   b) bestreuen　　 b) machen

Test 11
Kleidung und Wetter

Name   Kurs   Datum   Punkte

insgesamt   **40**

1   **Kleidung und Wetter. Was tragen die Leute? Schreiben Sie.**   **10**

1. Es regnet:

Der Mann trägt

einen Mantel und

....

4. Es ist windig:

....

....

2. Es schneit:

....

....

....

5. Es ist warm:

....

....

....

3. Es ist sonnig und heiß:

....

....

....

2   **Welche Farbe ist das? Ergänzen Sie.**   **5**

1. blau + rot = ...

2. rot + gelb = ...

3. weiß + rot = ...

4. gelb + blau = ...

5. schwarz + weiß = ...

3   **Im Schuhgeschäft. Ordnen Sie den Dialog.**   **5**

3 ▪▪▪▪▪▪▪▪▪▪

1. Größe 42 finden Sie hier. Welche Farbe soll es sein?
2. 95 Euro, sie sind reduziert.
3. Guten Tag, kann ich Ihnen helfen?
4. Wie gefällt Ihnen dieses Paar hier? Der Schuh ist sehr bequem. Wollen Sie den Schuh anprobieren?
5. Welche Größe, bitte?

a) 42, manchmal 43.
b) Sehr schön. Dann nehme ich die Schuhe.
c) Gern, ich suche Herrenschuhe.
d) Ja. Der passt gut. Was kosten die Schuhe denn?
e) Schwarz oder vielleicht auch braun.

4 Dialoge im Kaufhaus.

a) Ergänzen Sie *welch-* und *dies-*. 5

1. ▪ Ich habe hier zwei Paar Schuhe. .... Paar gefällt Ihnen?

   ◆ .... hier.

2. ▪ .... Größe passt Ihnen besser? 42 oder 43?

   ◆ Ich denke, ... – das ist Grösse 43. .... Schuh ist zu klein.

b) Ergänzen Sie *den, das* oder *die*. 5

1. ▪ Hier der Anzug in Größe 52. Möchten Sie .... mal anprobieren?

   ◆ Ja gern, danke.

2. ▪ Und wie gefällt Ihnen das Jackett?

   ◆ Na ja, ... passt nicht so gut. Die Ärmel sind zu lang.

   ▪ .... können wir kürzen.

3. ▪ Und die Hose?

   ◆ Ja, ... passt gut.

4. ▪ Haben Sie auch ein Hemd dazu?

   ◆ Ja, ... blaue hier passt gut dazu.

5 Gut aussehen im Beruf. Ergänzen Sie die Adjektivendungen im Akkusativ. 5

Natascha Petri erzählt: Ich muss im Geschäft immer gut aussehen. Ich trage oft

ein dunkl............, schick............ Kleid und elegant............ Schuhe. Im Winter trage

ich einen lang............ Rock, einen leicht............ Pullover und schwarz............ Stiefel.

In der Freizeit habe ich am liebsten eine bequem............ Hose, eine bunt............ Bluse

oder ein einfach............ Top an. Dazu ziehe ich meistens weiß............ Sportschuhe an.

6 Wettervorhersage für Deutschland. Richtig oder falsch? Kreuzen Sie an. 5

Und hier das Wetter für morgen, Freitag, den 16. Oktober: Am Vormittag
zuerst sonnig mit Temperaturen zwischen 15 und 18 Grad. Am Nachmittag
im Westen bewölkt und am Abend Regen. Die Temperaturen fallen dort auf
6 bis 8 Grad. Im Osten bleibt es sonnig, am Abend auch bewölkt. In der
Nacht regnet es in ganz Deutschland, über 1500 Metern kann es auch
schneien. Am Wochenende ist es zu kalt für diese Jahreszeit, es gibt wenig
Sonne, viel Wind und Regen.

	Richtig	Falsch
1. Am Freitagmorgen regnet es in Deutschland.		
2. Am Nachmittag ist es in ganz Deutschland bewölkt.		
3. Das Wetter im Osten ist besser als im Westen.		
4. In den Bergen kann Schnee fallen.		
5. Das Wetter am Samstag und Sonntag ist schlecht.		

Test 12
Körper und Gesundheit

Name	Kurs	Datum	Punkte
			insgesamt **40**

1 Welche Körperteile braucht man zum …? Schreiben Sie mindestens je zwei Körperteile.   **5**

1. Essen: ....

2. Tanzen: ....

3. Spazieren: ....

4. Schreiben: ....

5. Schwimmen: ....

2 Ärztehaus. Welcher Arzt kann Ihnen helfen? Ordnen Sie zu. Zu einer Situation gibt es keine passende Anzeige. Machen Sie ein X.   **5**

1. ▢ Sie haben Hals- und Kopf-schmerzen und hohes Fieber.

2. ▢ Ihr Kind hat Husten und Schnupfen.

3. ▢ Sie haben Zahnschmerzen.

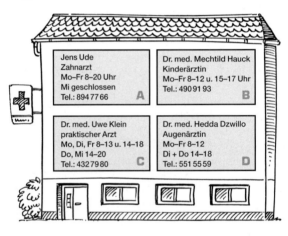

Jens Ude
Zahnarzt
Mo–Fr 8–20 Uhr
Mi geschlossen
Tel.: 894 77 66   **A**

Dr. med. Mechtild Hauck
Kinderärztin
Mo–Fr 8–12 u. 15–17 Uhr
Tel.: 490 91 93   **B**

Dr. med. Uwe Klein
praktischer Arzt
Mo, Di, Fr 8–13 u. 14–18
Do, Mi 14–20
Tel.: 432 79 80   **C**

Dr. med. Hedda Dzwillo
Augenärztin
Mo–Fr 8–12
Di + Do 14–18
Tel.: 551 55 59   **D**

4. ▢ Sie hören plötzlich schlecht und haben starke Ohren-schmerzen.

5. ▢ Sie sehen nicht gut und brauchen eine neue Brille.

3 Beim Arzt. Was passt zusammen? Verbinden Sie.   **5**

Haben Sie einen Termin? **1**
Waren Sie in diesem Quartal schon mal bei uns? **2**
Was fehlt Ihnen? **3**
Haben Sie auch Kopfschmerzen? **4**
Kommen Sie bitte nächste Woche wieder. **5**

a Ja. Und mein Hals tut weh.
b Ich habe seit drei Tagen Fieber.
c Gut, mache ich. Vielen Dank.
d Nein, in diesem Quartal noch nicht.
e Ja, um halb neun.

4 Gesundheitstipps. Was passt zu welcher Situation? Ordnen Sie zu.   **5**

1. ▢▢▢ Sie haben eine Erkältung.

2. ▢▢ Sie wollen nicht mehr rauchen.

a) Nehmen Sie eine Halstablette!
b) Gehen Sie mit Nichtrauchern aus!
c) Trinken Sie viel und essen Sie viel Obst!
d) Bleiben Sie im Bett und schlafen Sie viel!
e) Trinken Sie nicht Kaffee mit einer Zigarette. Trinken Sie lieber Tee und lesen Sie dabei Zeitung!

5 So bleibst du fit. Geben Sie Ihrem Freund / Ihrer Freundin Tipps und schreiben Sie Sätze im Imperativ.

1. jeden Tag Obst und Gemüse essen

....

2. viel an der frischen Luft spazieren gehen

....

3. täglich sieben bis acht Stunden schlafen

....

4. regelmäßig Yoga und Gymnastik machen

....

5. viel Wasser trinken

....

5

6 Ihre Kinder sind krank. Was müssen oder dürfen sie (nicht) machen? Ergänzen Sie *müssen* oder *dürfen.*

1. Ihr seid krank, ihr ....*müsst*........ im Bett bleiben.
2. Ihr .... viel Tee trinken.
3. Klara, du .... natürlich nicht zur Schule gehen.
4. Fin, du .... auch einen Schal um den Hals tragen.
5. Ihr .... dreimal am Tag die Medikamente nehmen.
6. Und ihr .... nicht im Garten spielen.

5

7 Walter Klock, Bodybuilder aus Gießen

a) Lesen Sie den Text. Welche Überschrift passt? Kreuzen Sie an.

3

Walter Klock ist 76 Jahre alt und macht seit 30 Jahren Bodybuilding. Im Sommer 1977 hat er Studenten beim Training gesehen und das hat ihm gefallen. Er hat gleich am nächsten Tag Sportschuhe gekauft. Walter sagt: „Es war Liebe auf den ersten Blick! Und diese Liebe ist bis heute geblieben!" Bald hat er sein erstes Fitness-Studio gegründet, heute hat er schon drei. Er kennt Arnold Schwarzenegger und hat von ihm viel gelernt. Mit 76 trainiert er noch fünfmal in der Woche. Er hat auch Bodybuilderinnen und Bodybuilder in der deutschen Nationalmannschaft trainiert.

a) ☐ Spaß an Sportkleidung – b) ☐ Ein Leben mit Bodybuilding –
c) ☐ Tipps von Arnold Schwarzenegger

b) Ergänzen Sie die Personalpronomen im Akkusativ.

7

1. Die Studenten haben trainiert. Klock hat .... beim Training gesehen.
2. Sein erstes Fitness-Studio war in Gießen. Er hat .... 1977 gegründet.
3. Die Bodybuilder sagen: „Klock hat .... lange trainiert und das Training war super! Wir haben .... geliebt."
4. Frage an Arnold Schwarzenegger: „Kennen Sie Walter Klock?" – „Natürlich kenne ich .... Ich habe .... oft getroffen. Klock hat .... auch in Kalifornien besucht."

Gesamttest
Einheit 1-4

Name	Kurs	Datum	Punkte
			insgesamt **50**

Hören (Zeit ca. 15 Minuten)

 Teil 1

Was ist richtig? Kreuzen Sie an: a, b oder c. Sie hören jeden Text zweimal. **3**

1. Was trinkt Julian?

a) ☐ einen Cappuccino   b) ☐ einen Tee   c) ☐ einen Orangensaft

2. Wie teuer ist der Küchenschrank?

a) ☐ 28 Euro   b) ☐ 89 Euro   c) ☐ 69 Euro

3. Wo war Frau Schmitz?

a) ☐ in Paris   b) ☐ in Wien   c) ☐ in Berlin

 Teil 2

Kreuzen Sie an: Richtig oder falsch? Sie hören jeden Text einmal. **3**

4. Die Studenten haben heute keine Hausaufgabe.   Richtig Falsch

5. Anja lebt im Studentenwohnheim.   Richtig Falsch

6. Salzburg liegt im Westen von Österreich.   Richtig Falsch

 Teil 3

Was ist richtig? Kreuzen Sie an: a, b oder c. Sie hören jeden Text zweimal. **3**

7. Die Vorwahl ist   **8.** Die Nummer ist   **9.** Die Nummer ist

a) ☐ 02388   a) ☐ 0171 853 87 89   a) ☐ 62 55 89 78

b) ☐ 03281   b) ☐ 0173 853 87 89   b) ☐ 62 55 99 99

c) ☐ 02381   c) ☐ 0173 853 87 80   c) ☐ 63 55 99 97

28

Lesen (Zeit 20 Minuten)

Teil 1

Lesen Sie die beiden Texte und die Aufgaben 1–8. Kreuzen Sie an: Richtig oder falsch?

8

Hallo Claudia,

ich bin jetzt seit sechs Monaten in Peking. Meine Wohnung hier ist sehr klein. Sie hat nur ein Zimmer, ein Bad und eine Küche. Die ist sehr klein, nur 3 qm. Ich esse immer in meinem Zimmer. Ich arbeite und schlafe dort auch. Das Zimmer ist Esszimmer, Schlafzimmer und Wohnzimmer – alles zusammen. Aber die Wohnung hat einen Balkon. Der Balkon ist auch klein. Aber ich finde ihn fantastisch! Jeden Morgen kann ich meinen Kaffee draußen trinken. Das ist schön. Kommst du nächsten Monat? Dann trinken wir zusammen Kaffee auf meinem Balkon.

Liebe Grüße
Andrea

---

1. Andrea hat eine Wohnung in Peking.   Richtig   Falsch

2. Die Wohnung hat drei Zimmer plus Küche und Bad.   Richtig   Falsch

3. Die Wohnung hat keinen Balkon.   Richtig   Falsch

4. Andrea trinkt ihren Kaffee gern draußen.   Richtig   Falsch

Eine Biografie

Maura Bailo (37) kommt aus Italien. Sie lebt jetzt in Basel in der Schweiz und lernt Deutsch. Maura ist verheiratet. Ihr Mann Toni hat eine Pizzeria. Sie haben zwei Kinder, Mira und Bruno. Ihre Kinder sind noch klein, zwei und vier Jahre alt. Die Kinder sprechen zu Hause Italienisch und im Kindergarten Deutsch.

5. Maura Bailo lebt in Italien.   Richtig   Falsch

6. Sie hat einen Mann und zwei Kinder.   Richtig   Falsch

7. Toni ist Pilot.   Richtig   Falsch

8. Die Kinder sprechen Italienisch und Deutsch.   Richtig   Falsch

Teil 2

Lesen Sie die Anzeigen und die Aufgaben 9–12. Welche Anzeige passt?
Kreuzen Sie an: a oder b.

4

9. Ihre Tochter will einen Sprachkurs in England machen. Sie ist 15 Jahre alt und mag Sport.

Spezialkurse für junge Schüler in unseren Colleges in Bath, Oxford und Cambridge.

Sprachkurse von 9 bis 12 und von 14 bis 16 Uhr
16–18 Uhr: Tennis, Badminton, Yoga, Folk Dance
20–22 Uhr: Musik, Kino, Theater
Kontakt: colleges@info.uk

a ☐

Deutsche Schule London:

Deutsch im Kindergarten, in der Primar- und Sekundarschule.
Start: Freitag, 3. September.
Tel.: +39 02 92 47 16 53

b ☐

10. Sie trinken gern Kaffee und suchen ein Kaffeehaus mit Musik.

Piano-Bar mit Charme und Tradition im Herzen von Wien. 20 Kaffeesorten, exotische Cocktails. Unser Pianist spielt für Sie täglich von 17 bis 19 Uhr.

a ☐

Café im Zentrum von Wien. Frischer Kuchen. Unsere Spezialität: Mozarttorte! Kleine Mittagskarte. Geöffnet von 8 bis 20 Uhr.

b ☐

11. Sie sind Studentin und suchen ein Zimmer im Stadtzentrum.

Wohngemeinschaft sucht Mitbewohnerin. Haus auf dem Land mit Garten. Das Zimmer ist 28 qm groß.
Tel.: 02 28-430 56 77

a ☐

Wir haben noch ein Zimmer frei und suchen DICH. Wohnung im Zentrum. Wohnzimmer, Küche und Bad für alle. Dein Zimmer ist 16 qm groß.
Tel.: 02 21-280 28 91

b ☐

12. Sie haben eine große Wohnung. Sie brauchen neue Möbel – aber Sie haben nicht viel Geld.

Sie suchen Möbel für Balkon und Garten – Elektrogrills – Essen und Trinken für Ihre Sommerparty?

Dann sind Sie hier richtig!
Party-Service Immergrün
Pappelallee 96

a ☐

Second-hand-Möbel zu attraktiven Preisen! Auktion jeden Montag um 12 Uhr. Show-Halle ab 10 Uhr geöffnet. Am Ostbahnhof 32

b ☐

Lesen Sie den Text. Welches Wort passt? Kreuzen Sie an.   10

Maura Bailo erzählt:

Mein Deutschkurs hier in Basel (1) sehr interessant. Wir (2) 14 Schüler und Schülerinnen im Kurs. Ich (3) aus Italien, (4) verheiratet und (5) zwei Kinder. Zu Hause (6) wir Italienisch. Im Kindergarten (7) die Kinder Deutsch. Wir (8) in einem Haus in der Stadt. Die Wohnung (9) vier Zimmer. Ich (10) die Wohnung sehr schön.

1. a) ist	2. a) bist	3. a) kommen	4. a) ist	5. a) habe
b) bin	b) sind	b) komme	b) bin	b) sind

6. a) sprichst	7. a) lernt	8. a) wohnen	9. a) hat	10. a) finde
b) sprechen	b) lernen	b) wohnt	b) ist	b) finden

Schreiben (Zeit 8 Minuten)

Ihr Freund, Ivan Kretschmar, zieht am 5. Mai um. Er wohnt in Arnsbach, in der   10
Hauptstraße 12. Er zieht in den Akazienweg 21, in den 2. Stock. Er hat ein Handy
mit der Nummer 0179 / 483 17 05. Er bucht eine Umzugsfirma. Helfen Sie ihm
und schreiben Sie die Informationen in das Formular.

Firma Niemeyer & Co – die Spezialisten für Ihren Umzug

Kretschmar
_____
Name

_____
Vorname

_____
Alte Wohnung

_____
Neue Wohnung

_____
Mobiltelefon

_____
Umzugstag

Wir bringen die Kartons für Bücher am: *30. April* _____

Sprechen (Zeit ca. 7 Minuten)

Teil 1

Sich vorstellen. Erzählen Sie über Ihre Person.

Name? – Alter? – Land? – Wohnort? – Sprachen?

Teil 2

Um Informationen bitten und Informationen geben (zu zwei Themen).
Arbeiten Sie zu zweit. Ziehen Sie zwei Karten. Fragen und antworten Sie.

Thema: Im Café	Thema: Im Café	Thema: Im Café
frei	*bezahlen*	*trinken*
Thema: Wohnung	Thema: Wohnung	Thema: Wohnung
groß	*Balkon*	*Zimmer*

Das kann ich auf Deutsch

Was meinen Sie? Kreuzen Sie an.

Ich kann:	gut	nicht so gut	gar nicht gut / schlecht
– über mich sprechen			
– Fragen im Deutschkurs stellen			
– in einem Restaurant etwas bestellen			
– über Städte und Länder sprechen			
– meine Wohnung beschreiben			

Gesamttest
Einheit 5–8

Name	Kurs	Datum	Punkte
			insgesamt **50**

Hören (Zeit ca. 15 Minuten)

Teil 1

🔘 11–13 **Was ist richtig? Kreuzen Sie an: a, b oder c. Sie hören jeden Text zweimal.** **3**

1. Wann kommt der Bus in Berlin an?

a) ☐ um 7:30 Uhr b) ☐ um 10:30 Uhr c) ☐ um 14:30 Uhr

2. Wohin wollen Nadine und Maja?

a) ☐ zum Reichstag b) ☐ zum Zoologischen Garten c) ☐ zum Schloss Bellevue

3. Wo arbeitet Klaus?

a) ☐ im Audi-Zentrum b) ☐ in einer VW-Werkstatt c) ☐ in einer Mercedes-Werkstatt

Teil 2

🔘 14–16 **Kreuzen Sie an: Richtig oder falsch? Sie hören jeden Text einmal.** **3**

4. Der Wagen von Herrn Simon ist fertig. Richtig Falsch

5. Michi und Rosanna waren vor drei Tagen in Dresden. Richtig Falsch

6. Manfred und Tanja gehen am Samstag in die Oper. Richtig Falsch

Teil 3

🔘 17–19 **Was ist richtig? Kreuzen Sie an: a, b oder c. Sie hören jeden Text zweimal.** **3**

7. Was bringt Jan Natascha mit?

a) ☐ Rotwein
b) ☐ Weißwein
c) ☐ Blumen

8. Welche Rosen kauft die Frau?

a) ☐ rote
b) ☐ gelbe
c) ☐ rote und gelbe

9. Wo wohnt Judith?

a) ☐ im ersten Stock
b) ☐ im zweiten Stock
c) ☐ im dritten Stock

Lesen (Zeit 25 Minuten)

Teil 1

Lesen Sie die beiden Texte und die Aufgaben 1–8. Kreuzen Sie an: Richtig oder falsch?

Zwei Frauen – zwei Karrieren

Maja Hanselmann, Lokführerin

Hauptbahnhof Zürich, 13 Uhr: Der TGV Nummer 9211 Zürich – Paris kommt pünktlich an. Der Zug bleibt eine Stunde lang im Bahnhof stehen. Dann fährt er in viereinhalb Stunden über Basel und Straßburg (Strasbourg) nach Paris. Der TGV ist sehr beliebt und oft sehr voll. Vor der Abfahrt hat die Lokführerin Maja Hanselmann noch ein wenig Zeit für einen Kaffee. Dann steigt sie in die Lok und fährt bis Basel. Dort kommt ihr französischer Kollege für das Stück Basel-Paris. Maja ist die erste Schweizerin im Cockpit von einem TGV.

1. Maja fährt von Basel nach Paris.   Richtig Falsch

2. In Zürich hat sie keine Zeit für einen Kaffee.   Richtig Falsch

3. Von Basel nach Straßburg sind es viereinhalb Stunden.   Richtig Falsch

4. Maja ist die erste Schweizer Lokführerin in einem TGV.   Richtig Falsch

Gabrielle Heinlein, Wellness-Trainerin

Gabrielle Heinlein ist Wellness-Trainerin. Sie arbeitet oft sechzig Stunden in der Woche. Gabrielle organisiert und leitet Kurse und berät andere Wellness-Trainer. Sie selbst hat wenig Zeit für Sport. Aber sie fährt jeden Morgen mit dem Rad zur Arbeit und macht einmal im Jahr eine Skireise. Am Wochenende sitzt sie oft an ihrem Schreibtisch und studiert Literatur über Sportpsychologie. Gabrielle weiß: Die Menschen haben heute viel Stress in ihrem Beruf. Da können ihre Viovital-Kurse eine große Hilfe sein.

5. Andere Wellness-Trainer beraten Gabrielle.   Richtig Falsch

6. Gabrielle macht nicht viel Sport.   Richtig Falsch

7. Gabrielle gibt auch am Wochenende Kurse.   Richtig Falsch

8. Gabrielle kennt die Probleme von Menschen im Beruf.   Richtig Falsch

Lesen Sie die Anzeigen und die Aufgaben 9–11. Welche Anzeige passt? Kreuzen Sie an: a oder b.

3

9. Sie machen eine Exkursion nach München und suchen ein Hotel. Sie sind 25 Personen.

Hotel Express
Zimmer für drei bis vier Personen mit Dusche/WC auf dem Flur. Attraktive Preise, Preisnachlass für Gruppen. Schleißheimer Str. 5, 80977 München

a

Bed & Breakfast
Persönliche Atmosphäre, ideal für kleine Gruppen bis sechs Personen. Familie Freitag, München-Freimann

b

10. Sie suchen Informationen über München.

Wir organisieren für Sie

Gruppentouren nach München, Prag und Wien. Auch Karten für Konzerte, Theater und Oper. Reisebüro Helius, Tel.: 089 / 435 987

a

Touristenbüro München
Informationen über die Stadt, Kultur, das Essen und Trinken, Shopping, Busverbindungen usw. Direkt am Hauptbahnhof: Bayerstr. 20 Tel.: 089/ 65 78 31

b

11. Die ganze Gruppe möchte am Abend zusammen essen gehen. Sie suchen ein Restaurant mit einem Raum für die Gruppe.

RESTAURANT MATTHIASKELLER
mit neuen Menus – mit alten Preisen! Drei große Räume und ein kleiner Saal für max. 30 Personen.

a

Haus Hubertus

das ideale Restaurant für besondere Momente.
Gourmet-Menus ab 80 Euro. Reservierung obligatorisch.

b

Lesen Sie die Anzeigen und die Aufgaben 12 und 13. Kreuzen Sie an: Richtig oder falsch?

2

12. Eingang Restaurant

Jeden Abend im Matthiaskeller zwischen 17 und 19 Uhr: jedes Bier für 99 Cent

Im Matthiaskeller gibt es zwischen 17 und 19 Uhr billiges Bier.

Richtig   Falsch

13. Am Museum

Deutsches Museum
Dienstag bis Sonntag 10 bis 18 Uhr
Vorstellungen im Planetarium:
Montag bis Freitag um 12 und um 16 Uhr

Das Planetarium ist am Wochenende nicht geöffnet.

Richtig   Falsch

Teil 4 Sprachbausteine

Lesen Sie den Text. Welches Wort passt? Kreuzen Sie an.

Melanie, die Freundin von Stefan, ist krank und konnte nicht nach München fahren. Stefan schreibt Melanie einen Brief und erzählt von der Exkursion:

> Liebe Melanie,
>
> schöne Grüße [1] München! Es ist Freitagabend. Wir [2] jetzt schon drei Tage in München und ich [3] dir von unserer Exkursion erzählen. Am Mittwochnachmittag waren wir nach 4,5 Stunden Fahrt endlich [4] München. [5] Hotel liegt sehr zentral: Wir können [6] Fuß in die Stadt gehen. Unser Programm: Am Mittwochabend ein Stadtbummel, am Donnerstag Besuch in der Marienkirche und in der Residenz – du [7], das ist das Königsschloss. Und heute morgen am Starnberger See – das [8] toll! Ich [9] München einfach super – wir [10] noch einmal zusammen die Stadt besuchen!
>
> Viele Grüße und bis bald
> Stefan

1. a) ☐ aus
   b) ☐ in

2. a) ☐ sind
   b) ☐ waren

3. a) ☐ willst
   b) ☐ will

4. a) ☐ in
   b) ☐ nach

5. a) ☐ Euer
   b) ☐ Unser

6. a) ☐ mit
   b) ☐ zu

7. a) ☐ weiß
   b) ☐ weißt

8. a) ☐ war
   b) ☐ waren

9. a) ☐ finden
   b) ☐ finde

10. a) ☐ müsst
    b) ☐ müssen

Schreiben (Zeit 10 Minuten)

Schreiben Sie an die Touristeninformation in München:

– Sie kommen Anfang Mai für drei Tage. Bitten Sie um Hoteladressen.
– Bitten Sie um Informationen über Sehenswürdigkeiten und das Kulturprogramm.
– Fragen Sie nach Restaurants mit bayrischer Küche.

Schreiben Sie zu jedem Punkt ein bis zwei Sätze.

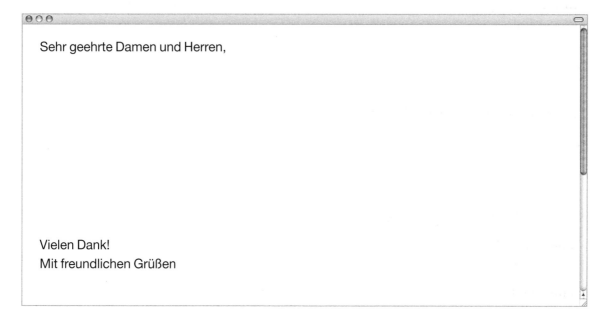

Sehr geehrte Damen und Herren,

Vielen Dank!
Mit freundlichen Grüßen

Sprechen (Zeit ca. 10 Minuten)

Teil 1

Um Informationen bitten und Informationen geben (zu zwei Themen).
Arbeiten Sie zu zweit. Ziehen Sie zwei Karten. Fragen und antworten Sie.

4

Thema: Reisen	Thema: Reisen	Thema: Reisen
Museum	*Zug*	*Urlaub*
Thema: Arbeiten	Thema: Arbeiten	Thema: Arbeiten
Weg	*Kollegen*	*Beruf*

Teil 2

Bitten formulieren und
darauf reagieren.
Arbeiten Sie zu zweit.
Ziehen Sie eine Karte.
Formulieren Sie eine
Bitte und reagieren Sie.

4

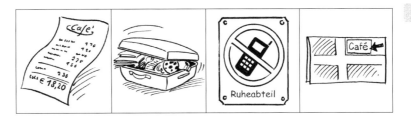

Das kann ich auf Deutsch

Was meinen Sie? Kreuzen Sie an.

Ich kann:	gut	nicht so gut	gar nicht gut / schlecht
– Termine machen und mich verabreden			
– über meinen Beruf sprechen			
– nach dem Weg fragen und den Weg beschreiben			
– eine Postkarte schreiben			

Name	Kurs	Datum	Punkte
			insgesamt **50**

Hören (Zeit ca. 15 Minuten)

Teil 1

 20–22   **Was ist richtig? Kreuzen Sie an: a, b oder c. Sie hören jeden Text zweimal.**   **3**

1. Welche Größe hat die Frau?

a) ▮ 24   b) ▮ 40   c) ▮ 42

2. Wie lange wartet der Mann schon auf die Frau?

a) ▮ 20 Minuten   b) ▮ 10 Minuten   c) ▮ eine halbe Stunde

3. Welches Getränk hat der Mann bestellt?

a) ▮ heiße Schokolade   b) ▮ einen Wein   c) ▮ einen Apfelsaft

Teil 2

 23–25   **Kreuzen Sie an: Richtig oder falsch? Sie hören jeden Text einmal.**   **3**

4. Zucker findet man im Erdgeschoss.   Richtig   Falsch

5. Fünf Äpfel kosten 2,99 €.   Richtig   Falsch

6. Morgen scheint die Sonne.   Richtig   Falsch

Teil 3

 26–28   **Was ist richtig? Kreuzen Sie an: a, b oder c. Sie hören jeden Text zweimal.**   **3**

7. Wo trifft Nadine ihre Freundin?

a) ▮ im Büro
b) ▮ im Einkaufszentrum
c) ▮ im Café

8. Wann gehen Jürgen und Udo joggen?

a) ▮ am Sonntagnachmittag
b) ▮ am Samstagvormittag
c) ▮ am Sonntagvormittag

9. Was hat Markus?

a) ▮ Bauchschmerzen
b) ▮ Husten
c) ▮ Halsschmerzen

Lesen (Zeit 25 Minuten)

Teil 1

**Lesen Sie die beiden Texte und die Aufgaben 1–8. Kreuzen Sie an:
Richtig oder falsch?**

Hallo Marlene,

ich habe jetzt endlich einen neuen Job in Wien! Ich bin jetzt Koch in
einem französischen Restaurant. Mein Traumberuf! Gestern habe
ich mit dem Chef gesprochen und er hat gesagt, ich kann am Dienstag
anfangen! Ich freue mich sehr. Mein Ferienjob in Frankreich hat mir
natürlich sehr geholfen. Wann besuchst du mich? Dieses Wochenende
bin ich bei meinen Eltern in München.

Liebe Grüße

Jan Paul

---

1. Jan Paul arbeitet als Koch.   Richtig   Falsch

2. Er arbeitet nur am Dienstag.   Richtig   Falsch

3. Er hat in den Ferien in Wien gearbeitet.   Richtig   Falsch

4. Jan Paul besucht am Wochenende seine Eltern.   Richtig   Falsch

Hi! Ich komme eine
halbe Stunde später.
Mein Zug hat 20
Minuten Verspätung.
Ich bringe Pizza und
Cola mit. Susanne
kommt heute leider
nicht, sie ist krank.
Bis gleich. Rolf

5. Rolf kommt in 30 Minuten zu Susanne.   Richtig   Falsch

6. Der Zug kommt 20 Minuten später.   Richtig   Falsch

7. Rolf bringt Getränke mit.   Richtig   Falsch

8. Rolf ist krank.   Richtig   Falsch

Teil 2

Lesen Sie die Anzeigen und die Aufgaben 9–11. Welche Anzeige passt?
Kreuzen Sie an: a oder b.

9. Sie möchten wissen, wie das Wetter morgen in Bern ist.

DER Wetterbericht für die Schweiz! **Stimmt immer!** www.wetter-in-der-schweiz.ch	Regnet es? Du hast schlechte Laune? Bei uns findest du neue Freunde und Spaß am Leben! www.spass-am-leben.de
a	b

10. Sie wollen mit Ihrem Partner / Ihrer Partnerin im Sommer in der Türkei
Urlaub machen.

Last-Minute-Urlaub! Mallorca ab 249 € • Istanbul ab 299 € vom 15. bis 21. November eine Woche in einem ****Sterne-Hotel www.last-minute.de	⟫⟫ *Ab in den Urlaub!* 7 Tage an der türkischen Riviera ab 285 Euro Sommerreisen schon jetzt buchen! www.ab-in-den-urlaub.de
a	b

11. Sie möchten einen Kochkurs machen.

Sie wollen kochen und haben keine Lebensmittel zu Hause? Wir bringen Ihnen alles, was Sie brauchen, direkt nach Hause! Tel.: 0341 3366778 *www.dieterservice.de*	Kochen wie ein König? – Na klar! Bei uns lernen Sie die besten und die schnellsten Kochrezepte! **Kocherlebnis pur!** www.beiweber.de
a	b

Teil 3

Lesen Sie die Anzeigen und die Aufgaben 12 und 13. Kreuzen Sie an:
Richtig oder falsch?

12. In der Arztpraxis

Dr. med. Hans-Peter Schroeder Mo–Fr 8–12.30 Uhr • Di u. Do 15–17 Uhr Tel. 567 235	Es ist Montag- nachmittag. Dr. Schroeder hat jetzt Sprechzeit. Richtig Falsch

13. Eingang Kantine

KANTINE HEUTE WEGEN UMBAU GESCHLOSSEN. Weitere Informationen unter www.cv-kantine.de Danke für Ihr Verständnis!	Sie können heute nicht in der Kantine essen. Richtig Falsch

Lesen Sie den Text. Welches Wort passt? Kreuzen Sie an.　　10

Hallo,
du kennst mich nicht. Ich sehe [1] jeden Tag im Zug. Du [2] sehr schöne Augen. Manchmal
bist du traurig. Du steigst immer im Zentrum aus, vielleicht [3] du dort. Gestern habe ich
dich nicht [4]. Warum [5] du nicht zur Arbeit gefahren? [6] ich dich ansprechen? Ich [7]
dich jeden Tag sehen. Ich denke nur an dich. [8] bitte morgen [9] 18 Uhr ins Café Einstein.

[10] Grüße
dein Unbekannter

1. a) dich	2. a) hat	3. a) arbeitest	4. a) gesehen	5. a) hast
b) du	b) hast	b) arbeitet	b) sehen	b) bist
6. a) Darfst	7. a) möchte	8. a) Kommst	9. a) am	10. a) Deine
b) Darf	b) soll	b) Komm	b) um	b) Liebe

Schreiben (Zeit 10 Minuten)

Schreiben Sie eine Antwort auf den Brief oben:　　10

– Sie hatten gestern einen Termin beim Arzt.
– Sie kommen morgen, aber erst um 19 Uhr.
– Fragen Sie, wohin der Unbekannte jeden Tag mit dem Zug fährt.

Schreiben Sie zu jedem Punkt ein bis zwei Sätze.

Hallo,

ich heiße ....

....

....

....

....

....

....

....

Liebe Grüße ....

....

Sprechen (Zeit ca. 10 Minuten)

Teil 1

Um Informationen bitten und Informationen geben (zu zwei Themen).
Arbeiten Sie zu zweit. Ziehen Sie zwei Karten. Fragen und antworten Sie.

4

Thema: Gesundheit	Thema: Gesundheit	Thema: Gesundheit
Sprech-zeiten	*Sport*	*Hals-schmerzen*
Thema: Einkaufen	Thema: Einkaufen	Thema: Einkaufen
Preis	*Schuhe*	*Supermarkt*

Teil 2

Bitten formulieren und darauf reagieren.
Arbeiten Sie zu zweit.
Ziehen Sie eine Karte.
Formulieren Sie eine Bitte und reagieren Sie.

4

Das kann ich auf Deutsch

Was meinen Sie? Kreuzen Sie an.

Ich kann:	gut	nicht so gut	gar nicht gut / schlecht
– über Ferien und Urlaub sprechen	▢	▢	▢
– sagen, was ich gern esse und trinke	▢	▢	▢
– Essen und Kleidung kaufen	▢	▢	▢
– Wetterinformationen verstehen	▢	▢	▢
– sagen, was mir weh tut	▢	▢	▢

Modelltest
Start Deutsch 1

Name   Kurs   Datum

_____   _____   _____

Hören (Zeit ca. 20 Minuten)

Teil 1

Was ist richtig? Kreuzen Sie an: a, b oder c. Sie hören jeden Text zweimal.

1. Wie viel kostet die Tasche?

a) ▨ 42,95 €   b) ▨ 24,95 €   c) ▨ 30 €

2. Welche Zimmernummer hat das Büro von Frau Reinelt?

a) ▨ Vierhundertfünfzehn   b) ▨ Vierhundertdreißig   c) ▨ Vierhundertdreizehn

3. Wann kommt Herr Lange?

a) ▨ Um 13.30 Uhr   b) ▨ Um 15 Uhr   c) ▨ Um 14.30 Uhr

4. Wann fährt Anna in die Schweiz?

a) ▨ Am 27. Dezember   b) ▨ Am 3. Januar   c) ▨ Am 27. Dezember und am 3. Januar

5. Wo ist die Post?

a) ▨ Auf dem Markt- platz rechts   b) ▨ An der Kreuzung links   c) ▨ An der Kreuzung rechts

6. Was kauft die Frau?

a) ▨ Kartoffeln   b) ▨ französischen Käse   c) ▨ 4 Käsebrötchen

Teil 2

35–38 **Kreuzen Sie an: Richtig oder falsch? Sie hören jeden Text einmal.**

7. Der Zug kommt pünktlich an.   Richtig   Falsch

8. Das Geschäft schließt in 10 Minuten.   Richtig   Falsch

9. Morgen regnet es nicht.   Richtig   Falsch

10. Doludin Extra hilft bei Rückenschmerzen.   Richtig   Falsch

Teil 3

39–43 **Was ist richtig? Kreuzen Sie an: a, b oder c. Sie hören jeden Text zweimal.**

11. Wann fängt der Film an?

    a) ▢ Um zehn nach zehn
    b) ▢ In zehn Minuten
    c) ▢ Um zehn Uhr

12. Wann kann man Dr. Seewald am Donnerstag erreichen?

    a) ▢ Von 8 bis 12 Uhr
    b) ▢ Von 14 bis 16 Uhr
    c) ▢ Von 8 bis 12 Uhr und von 14 bis 16 Uhr

13. Wann kann Herr Lange kommen?

    a) ▢ Nächste Woche am Mittwoch
    b) ▢ Morgen
    c) ▢ Am Freitag

14. Wie lange soll man Nudeln kochen?

    a) ▢ 8 Sekunden
    b) ▢ 8 Minuten
    c) ▢ 18 Minuten

15. Wo ist die Frau?

    a) ▢ Im Bus nach Berlin
    b) ▢ Im Reisebüro
    c) ▢ Am Brandenburger Tor

Schreiben Sie jetzt Ihre Lösungen 1–15 auf den Antwortbogen (Seite 51).

Lesen (Zeit 25 Minuten)

Teil 1

Lesen Sie die beiden Texte und die Aufgaben 1–5.
Kreuzen Sie an: Richtig oder falsch?

Hallo Petra, ich sitze
schon im Zug.
Ich komme gegen
fünf am Bahnhof an.
Um sechs bin ich
dann bei dir. Gehen
wir heute Abend
zusammen essen?
Ich möchte dir etwas
Wichtiges erzählen.
Theo

1. Theo kommt um sechs Uhr zu Petra.　　　　　　Richtig　Falsch

2. Petra und Theo gehen heute um fünf Uhr essen.　Richtig　Falsch

---

Liebe Mutti,

wir waren letztes Wochenende im Tessin klettern. Es war super!
Das Wetter war einfach wunderschön – sonnig und überhaupt nicht
windig. Nur am Samstagabend hat es ein bisschen geregnet.
Auf dem Campingplatz war es dieses Mal nicht so voll. Also super
Entspannung.

Nächste Woche wollen wir dich und Vati besuchen. Seid ihr da? Wir
kommen am Freitag gegen 19 Uhr an und fahren am Sonntagabend
wieder zurück. Passt es euch?

Liebe Grüße und Kuss

Sofia & Tim

---

3. Sofia und Tim waren im Tessin.　　　　　　　　Richtig　Falsch

4. Das Wetter war schlecht.　　　　　　　　　　　Richtig　Falsch

5. Sofia und Tim besuchen nächste Woche ihre Freunde.　Richtig　Falsch

Teil 2

Lesen Sie die Texte und die Aufgaben 6–10. Wo finden Sie Informationen?
Kreuzen Sie an: a oder b?

6. Sie suchen einen Babysitter.

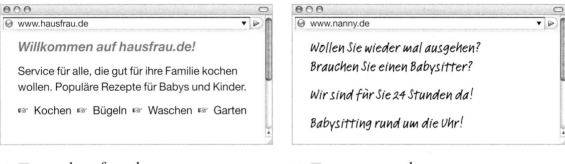

a) ▨ www.hausfrau.de   b) ▨ www.nanny.de

7. Sie wollen am Wochenende mit dem Zug nach München fahren und möchten
eine Fahrkarte kaufen.

a) ▨ www.bahn.de   b) ▨ www.reisecenter.de

8. Sie möchten Urlaub an der Ostsee machen.

a) ▨ www.skiurlaub.at   b) ▨ www.meer-erleben.com

9. Sie möchten Spanisch in Spanien lernen.

a) ▨ www.sprachenderwelt.net   b) ▨ www.sprachgenie.com

10. Sie möchten wissen: Wie ist das Wetter morgen?

a) ■ www.spass-für-jederzeit.de

b) ■ www.deutschlandwetter.de

Teil 3

Lesen Sie die Texte und die Aufgaben 11–15. Kreuzen Sie an: Richtig oder falsch?

11. An der Tür des Klassenzimmers

Der Unterricht findet heute im 2. Stock im Raum 245 statt. Regina Werner

Der Unterricht fällt heute aus.

Richtig   Falsch

12. An der Haltestelle

Der Bus Linie 46 fährt heute nur bis Stadtzentrum.
Richtung Nordschule steigen Sie bitte im Stadtzentrum in den Bus Linie 57 um.

Der Bus Linie 46 fährt nicht bis zur Nordschule.

Richtig   Falsch

13. Eine Visitenkarte

Sprachschule HÖFFNER — Stefanie Kloße *Deutschlehrerin*
Telefon: 0210 784563 · E-Mail: s.kloße@höffner.de
Telefonsprechzeiten: Mo, Do 8.00–10.00

Sie können Frau Kloße am Donnerstag zwischen 8 und 10 Uhr anrufen.

Richtig   Falsch

14. Eingang Frisörsalon

Wir haben heute leider geschlossen.
Wir ziehen um!
Ab morgen sind wir in der Jakobstraße 23 wieder für Sie da!

Sie können heute Nachmittag zum Frisör in der Jakobstraße gehen.

Richtig   Falsch

15. Das Programm für Samstag

20.8., Samstag: Exkursion
10.15 Uhr Abfahrt Hbf Bamberg
12.35 Uhr Ankunft Hbf Nürnberg
12.45–13.30 Uhr Mittag
ab 14 Uhr Stadtführung
18.35 Uhr Treffen am Hbf
20.00 Uhr Ankunft Hbf Bamberg

Um 15 Uhr sind Sie in Nürnberg unterwegs.

Richtig   Falsch

Schreiben Sie jetzt Ihre Lösungen 1–15 auf den Antwortbogen (Seite 51).

Schreiben (Zeit 20 Minuten)

Teil 1

Ihr Freund Mahmut hat einen Kühlschrank gekauft. Der Kühlschrank hat 287,95 € gekostet. Mahmut kann den Kühlschrank nicht selbst nach Hause fahren und bestellt dafür eine Firma. Er wohnt in Leipzig, in der Littstraße 76. Er will mit Kreditkarte bezahlen.

Mahmut muss ein Formular für den Transport ausfüllen. In dem Formular fehlen fünf Informationen.

Helfen Sie ihm und schreiben Sie die Informationen in das Formular.

Am Ende schreiben Sie Ihre Lösungen bitte auf den Antwortbogen (Seite 51).

LIEFERSCHEIN

Herr/~~Frau~~

Name *KAZAFY*　　　　　　　Vorname _____ [1]

Straße, Hausnummer _____ [2]

PLZ *04103*　　　　　　　　Ort _____ [3]

Telefon *0341 578637*

hat am *26.09.2008* _____

den Kühlschlank BOSCH KD-3564789 _____

für (Preis) _____ [4] gekauft.

Bezahlt ☐ bar　☐ Kreditkarte [5]

Unterschrift Kunde　　　　　　　Unterschrift Verkäufer

Mahmut Kazafy　　　　　　　*Marco Steinbach*

Teil 2

Ihr Kind hat eine Erkältung und muss im Bett bleiben. Sie können zwei Tage nicht zur Arbeit kommen. Schreiben Sie eine E-Mail an Ihren Chef / Ihre Chefin und erklären Sie die Situation:
– Ihr Kind ist krank.
– Sie kommen am Mittwoch wieder zur Arbeit.
– Sie haben auch Ihre Kollegin angerufen und informiert.

Schreiben Sie zu jedem Punkt ein bis zwei Sätze auf den Antwortbogen (Seite 51).
Schreiben Sie auch eine Anrede und einen Schluss. (ca. 30 Wörter)

Sprechen (Zeit ca. 15 Minuten)

Teil 1

Sich vorstellen.

Name? – Alter? – Land? – Wohnort? – Sprachen? – Beruf? – Freizeit?

Teil 2

Um Informationen bitten und Informationen geben.

Thema: Wohnen *Adresse*	Thema: Wohnen *Wohnung*	Thema: Wohnen *Zimmer*
Thema: Wohnen *Möbel*	Thema: Wohnen *Garten*	Thema: Wohnen *Stadt*
Thema: Freizeit *Hobby*	Thema: Freizeit *Freunde*	Thema: Freizeit *Sport*
Thema: Freizeit *Reisen*	Thema: Freizeit *Lesen*	Thema: Freizeit *Abend*

Bitten formulieren und darauf reagieren.

Antwortbogen Schriftliche Prüfung

Familienname	Vorname	Datum	Punkte
			insgesamt **45**

Hören **15**

Teil 1

1. a) ▦ b) ▦ c) ▦

2. a) ▦ b) ▦ c) ▦

3. a) ▦ b) ▦ c) ▦

4. a) ▦ b) ▦ c) ▦

5. a) ▦ b) ▦ c) ▦

6. a) ▦ b) ▦ c) ▦

Teil 2

7. Richtig Falsch

8. Richtig Falsch

9. Richtig Falsch

10. Richtig Falsch

Teil 3

11. a) ▦ b) ▦ c) ▦

12. a) ▦ b) ▦ c) ▦

13. a) ▦ b) ▦ c) ▦

14. a) ▦ b) ▦ c) ▦

15. a) ▦ b) ▦ c) ▦

Lesen **15**

Teil 1

1. Richtig Falsch

2. Richtig Falsch

3. Richtig Falsch

4. Richtig Falsch

5. Richtig Falsch

Teil 2

6. a) ▦ b) ▦

7. a) ▦ b) ▦

8. a) ▦ b) ▦

9. a) ▦ b) ▦

10. a) ▦ b) ▦

Teil 3

11. Richtig Falsch

12. Richtig Falsch

13. Richtig Falsch

14. Richtig Falsch

15. Richtig Falsch

Schreiben **15**

Teil 1

1. ....

2. ....

3. ....

4. ....

5. ....

Teil 2 Schreiben Sie Ihren Text hier. (ca. 30 Wörter)

....

....

....

....

....

....

....

Testbeschreibung und Bewertung

Das vorliegende Testheft bietet den Lehrenden zusätzliches Material, um den Lernfortschritt ihrer Kursteilnehmerinnen und Kursteilnehmer objektiv zu messen und zu beurteilen. Mithilfe der Tests können die Lernenden erkennen, was sie bereits beherrschen, in welchen Sprachbereichen ihre Stärken, aber auch ihre Schwächen liegen. Die Tests orientieren sich am Lehrwerk *studio d A1* und folgen dessen Lernstoff und Themen.

Testbeschreibung

Tests zu den Einheiten

In den Tests zu den einzelnen Einheiten wird der Lernstoff der jeweiligen Einheit zusammenfassend überprüft. Die Tests enthalten Aufgaben zum Leseverstehen, Wortschatz, Schreiben und zu grammatischen Strukturen. Im Bereich der Lesekompetenz wird globales und selektives Textverstehen überprüft, wozu natürlich auch Kenntnisse in Lexik, Morphologie und Syntax notwendig sind.

Gesamttests

Die Gesamttests fassen den Lernstoff von jeweils vier Einheiten zusammen und enthalten Aufgaben zum Hör- und Leseverstehen, Schreiben und Sprechen, wobei alle bisher geübten rezeptiven und produktiven Fertigkeiten überprüft werden. Die Testformen orientieren sich an der Aufgabentypologie der Prüfung *Start Deutsch 1 / Deutsch A1*. Die Gesamttests schließen mit einer kurzen Selbstevaluation der Lernenden ab, die in die Punkt-Bewertung nicht mit einbezogen wird.

Modelltest

Der Modelltest dient zur direkten Prüfungsvorbereitung und -simulation. Die Lernenden erhalten hier die Möglichkeit, ihre Sprachkenntnisse unter Prüfungsbedingungen (Zeit, Aufgabenformate, Sprachniveau) zu testen und einzuschätzen, ob sie die Prüfung *Start Deutsch 1 / Deutsch A1* bestehen können.

Der Modelltest besteht aus einer schriftlichen Einzelprüfung mit den Teilen Hören, Lesen und Schreiben sowie einer mündlichen Gruppenprüfung.

Durchführung und Bewertung

Die einheitsbezogenen Tests und die Gesamttests (bis auf die mündliche Prüfung) können von den Lernenden auch allein durchgeführt werden, da Punktangaben und Lösungen eine selbstständige Evaluation erlauben.

Für die Durchführung der Tests empfehlen wir, die folgenden Zeiten vorzusehen:

einheitsbezogene Tests	30 Minuten
Gesamttest 1–4	50 Minuten
Gesamttests 5–8 und 9–12	60 Minuten
Modelltest	80 Minuten

Durchführung der mündlichen Prüfung

Die mündliche Prüfung wird als Gruppenprüfung mit maximal vier Lernenden durchgeführt. Es empfiehlt sich, jeweils ein Beispiel zu zeigen. Ansonsten greift der Lehrer nur ein, wenn die Gespräche für längere Zeit stocken.

Der Prüfung *Start Deutsch 1 / Deutsch A1* entsprechend finden Sie folgende Testformen:

Monologisch: Die Lernenden stellen sich nacheinander in der Gruppe vor. Sie können sich an den Stichworten auf dem Aufgabenblatt orientieren.
(Gesamttest 1–4, Teil 1 und Modelltest, Teil 1)

Dialogisch in fortlaufender Runde I: Alle Lernenden ziehen jeweils zwei Handlungskarten mit einem Wort zu einem Thema. Sie stellen einander reihum Fragen und beantworten sie. Die Dialoge werden in zwei Runden gespielt.
(Gesamttests 5–8 und 9–12, Teil 1; Gesamttest 1–4 und Modelltest, Teil 2)

Dialogisch in fortlaufender Runde II: Der Ablauf ist derselbe wie in der vorausgehenden Aufgabe mit dem Unterschied, dass auf den Handlungskarten Alltagsgegenstände abgebildet sind. Die Lernenden formulieren reihum Bitten bzw. reagieren darauf. Es gibt zwei Runden von Bitten/Aufforderungen und Antworten.
(Gesamttests 5–8 und 9–12, Teil 2; Modelltest, Teil 3)

Bewertung

Es kann maximal die folgende Gesamtpunktzahl erreicht werden:

einheitsbezogene Tests	40 Punkte
Gesamttests	50 Punkte
Modelltest	60 Punkte

Für einen gelungenen Test sollten die Lernenden mindestens 60 % der Gesamtpunktzahl erreichen.

		Gesamttests		Modelltest		
		Punkte	Gesamt-punkte	Punkte	Gesamt-punkte	Gewichtung
Hören	Teil 1	3	9	6	15	25 %
	Teil 2	3		4		
	Teil 3	3		5		
Lesen	Teil 1	8	22 bzw. 23	5	15	25 %
	Teil 2	3 bzw. 4		5		
	Teil 3	– bzw. 2		5		
	Teil 4	10		–		
Schreiben	Teil 1	10	10	5	15	25 %
	Teil 2	–		10		
Sprechen	Teil 1	4 bzw. 5	8 bzw. 9	3	15	25 %
	Teil 2	4		6		
	Teil 3	–		6		
Gesamt			50		60	100 %
Bestanden ab			30		36	60 %

Bewertungskriterien für den Teil Schreiben

Es können folgende Punktzahlen erreicht werden:
Teil 1   pro richtig ausgefülltes Feld 1 Punkt = gesamt 5 Punkte
Teil 2   pro Inhaltspunkt 3 Punkte, Textsortenspezifik 1 Punkt = gesamt 10 Punkte

Erfüllung der Aufgaben-stellung (Inhaltspunkte)		Punkte
Aufgabe erfüllt	Keine oder nur wenige Fehler in Syntax, Morphologie und Orthographie	3
Aufgabe nur teilweise (nicht alle Inhaltspunkte berücksichtigt) oder zu knapp erfüllt	Verständnis durch Fehler in Syntax, Morphologie und Orthographie wiederholt beeinträchtigt	1,5
Text ohne Beziehung zur gestellten Aufgabe	Text durch die zahlreichen Fehler in Syntax, Morphologie und Orthographie unverständlich	0

Textsortenspezifik	Punkte
Text entspricht der Textsorte	1
Untypische oder fehlende Textteile und/oder Wendungen (z. B. keine Grußformel)	0,5
Keine textsortenspezifische Wendungen	0

Bewertungskriterien für den Teil Sprechen

In den drei Teilen können unterschiedliche Punktzahlen erreicht werden:
Teil 1   3 Punkte
Teil 2   pro Frage 2 Punkte, pro Antwort 1 Punkt = gesamt 6 Punkte
Teil 3   pro Bitte 2 Punkte, pro Reaktion 1 Punkt = gesamt 6 Punkte

Ausführung der Aufgabe	Punkte
Aufgabe inhaltlich gut erfüllt, im Ausdruck angemessen. Fast keine semantischen oder strukturellen Fehler; Aussprache sehr gut verständlich.	3
Aufgabe teilweise erfüllt, im Ausdruck nicht ganz angemessen. Einige semantische und strukturelle Fehler, die die Kommunikation wiederholt beeinträchtigen; bei Aussprache starke muttersprachliche Färbung, trotzdem noch verständlich.	1,5
Aufgabe nicht erfüllt, im Ausdruck unangemessen und/oder unverständlich. Viele semantische und strukturelle Fehler, die die Kommunikation stark beeinträchtigen; wegen schlechter Aussprache kaum verständlich.	0

Hörtexte

Gesamttest
Einheit 1–4

Nummer 1

+ Was möchten Sie trinken?
– Ja …, vielleicht einen Cappuccino.
+ Sehr gern.
– Moment … ich hatte heute schon drei Kaffee. Ich nehme doch lieber einen Orangensaft.
+ Also einen Orangensaft. Gut, ich bringe ihn sofort.
– Vielen Dank.

Nummer 2

+ Sag mal, deine Küche ist ja groß.
– Ja, 28 qm. Ich muss noch einen Küchenschrank kaufen. Aber die sind teuer.
+ Es gibt einen bei Möbel Meier, der ist jetzt billiger. Er kostet nur noch 89 Euro.
– Ist er auch schön?
+ Ja, ich finde ihn sehr schön. Und er ist nicht teuer!

Nummer 3

+ Guten Morgen, Frau Schmitz. Oh, Sie haben Fotos. Kann ich mal sehen?
– Ja, sicher. Hier, ich war ein paar Tage in der Hauptstadt.
+ Ich war auch schon mal in Berlin. Eine tolle Stadt.

Nummer 4

+ So, und das war der letzte Satz in dieser Übung. Lesen Sie bitte den Text auf Seite 23 und beantworten Sie die Fragen zu Hause.
– Bis morgen?
+ Ja, bis morgen. Ich wünsche Ihnen einen schönen Nachmittag. Auf Wiedersehen!

Nummer 5

Ich bin Studentin und lebe mit zwei Freunden in einer 3-Zimmer-Wohnung im Zentrum. Die Wohnung ist nicht groß, aber schön.

Nummer 6

Kommen Sie ins schöne Österreich! Besuchen Sie Salzburg im Westen des Landes, die Heimatstadt des berühmten Komponisten Wolfgang Amadeus Mozart.

Nummer 7

+ Guten Tag. Ich muss in Hamm anrufen. Können Sie mir bitte die Vorwahl geben?
– Einen Moment bitte. Hamm in Westfalen?
+ Ja, genau.
– Die Vorwahl ist 02381.

Nummer 8

+ Maklerbüro Meier. Guten Tag.
– Guten Tag. Mein Name ist Selim. Ich möchte gern die Wohnung in der Gartenstraße mieten. Aber ich habe noch Fragen. Haben Sie die Nummer vom Vermieter?
+ Ja, das ist die Frau Meierbeck. Ihre Nummer ist die 0173 853 87 89.
– 0173 853 87 80?
+ Nein, 89 – am Ende 89.

Nummer 9

+ Anna, du machst doch einen Deutschkurs. Ich möchte jetzt Spanisch lernen. Hast du die Telefonnummer von der Sprachschule?
– Oh, du möchtest Spanisch lernen? Das finde ich fantastisch. Ich muss mal nachschauen. Moment … hier: 62 55 89 78.
+ 62 55 89 78?
– Ja, genau.

Gesamttest
Einheit 5–8

Nummer 1

+ Entschuldigung, ich möchte noch einmal fragen: Wann fahren wir morgen nach Berlin ab?
– Um 7.30 Uhr von der Universität. Und um 10.30 Uhr machen wir eine Kaffeepause auf der Autobahn.
+ Aha, dann sind wir ungefähr um halb drei in Berlin, oder?
– Ja, auf dem Plan steht 14.30 Uhr Ankunft im Hotel.

Nummer 2

+ Entschuldigen Sie bitte, wie kommen wir am besten zum Schloss Bellevue?
– Ganz einfach. Sie sind hier am Alexanderplatz. Nehmen Sie den Bus 100 in Richtung Zoologischer Garten. Sie fahren am Reichstag vorbei und sind drei Stationen weiter am Schloss Bellevue.
+ Vielen Dank!

Nummer 3

+ Hallo, Klaus. Hier ist Christoph.
– Hallo Christoph. Was gibt's?
+ Du bist doch unser „Rolls-Royce-Experte". Mein Auto ist kaputt.
– Na dann komm mal vorbei! Unser VW-Service-Center begrüßt herzlich jeden Kunden! Und du hast Glück, ich habe heute nicht viel zu tun.
+ Prima! Aber repariert ihr auch andere Autos?
– Klar doch! Audi, BMW, Mercedes – alles.

Nummer 4

Hier ist Ihre Autowerkstatt. Herr Simon, Ihr Wagen ist repariert. Sie können ihn heute Abend bis 18 Uhr abholen.

Nummer 5

Hallo Michi, hier ist Rosanna. Wir fahren morgen für drei Tage nach Dresden. In unserem Auto ist noch ein Platz frei. Kommst du mit? Ruf mich bitte heute Abend an. Tschüs!

Nummer 6

Servus Ricki. Hier ist Tanja. Manfred ist krank. Ich habe zwei Karten für die Staatsoper am Sonntag, es gibt „La Bohème". Willst du mitkommen? Du hast doch gesagt, du hast am Sonntag Zeit. Ruf mich bitte kurz an. Danke!

Nummer 7

+ Jan, es ist schon spät. Hast du die Blumen für Natascha?
– Natürlich.
+ Vergiss bitte auch den Wein für Herbert nicht!
– Nein, den habe ich auch schon vorbereitet. Ich nehme einen Rotwein und einen Weißwein mit.

Nummer 8

+ Oh, die Rosen sind aber schön! Was kosten sie denn?
– Die kurzen 1,50 Euro das Stück, die langen 2 Euro.
+ Dann geben Sie mir sechs von den langen Rosen. Rote und gelbe, bitte.

Nummer 9

+ Hallo Judith. Ich stehe vor eurem Haus und weiß den Code nicht.
– Ganz einfach: 113, erster Stock.
+ Danke. Ich komme.

Gesamttest
Einheit 9–12

Nummer 1

+ Entschuldigung, haben Sie diese Bluse auch in Weiß?
– Ja, welche Größe tragen Sie?
+ 42.
– Kleinen Moment, bitte ... Nein, tut mir leid. Wir haben sie nur noch in Größe 40.

Nummer 2

+ Wo bleibst du denn? Ich warte schon seit 20 Minuten auf dich!
– Entschuldige, ich stehe im Stau, ich bin in 10 Minuten da. Bis gleich.
+ Bis gleich.

Nummer 3

+ Guten Tag, haben Sie schon gewählt?
– Ja, ich nehme einen Apfelsaft und ein Stück Schokoladenkuchen.
+ Gern. Ich bringe es Ihnen gleich.

Nummer 4

+ Entschuldigung, wo finde ich Zucker?
– Zucker? Lebensmittel sind im Erdgeschoss. Also, hier geht's runter und dann sofort rechts. Bei den Backwaren.
+ Danke!

Nummer 5

+ Entschuldigung! Was kosten diese Äpfel?
– Die Roten? 2,99 Euro das Kilo.
+ Dann nehme ich fünf Stück bitte.
– Gern.

Nummer 6

+ Weißt du, wie das Wetter morgen wird?
– Warm, aber bewölkt.
+ Oh, Schade, dann können wir nicht baden gehen.

Nummer 7

+ Hi Nadine! Was machst du denn hier?!
– Hallo Charlotte! Was macht man denn in einem Einkaufszentrum? Einkaufen! Was hast du da Schönes?
+ Ich habe mir eine blaue Jacke gekauft. Und du?
– Ich suche noch ein Geschenk für meinen Mann. Er hat nächste Woche Geburtstag.

Nummer 8

+ Hallo Jürgen, hier ist Udo. Gehen wir am Samstag wieder joggen?
– Am Samstag kann ich leider nicht. Aber am Sonntag.
+ Okay, dann am Sonntag. Um zehn?
– Ja, um zehn ist gut.
+ Super, dann sehen wir uns am Sonntag. Ich hole dich ab.

Nummer 9

+ Arztpraxis Dr. Ude, Möller am Apparat. Was kann ich für Sie tun?
– Guten Tag, hier ist Evers. Unser Sohn Markus hat Fieber und der Hals tut ihm weh. Ich hätte gern noch heute einen Termin für ihn.
+ Einen Moment, ich sehe nach ... Ja, dann kommen Sie bitte so gegen elf Uhr.
– Gut. Vielen Dank und bis später.
+ Bis später.

Nummer 1

+ Entschuldigung, was kostet diese Tasche?
– Die Tasche ist reduziert. Warten Sie mal ... Sie kostet 24,95 Euro.
+ Hm ... 24,95 Euro. Das ist wirklich billig.
– Ja, sie ist dreißig Prozent billiger.
+ Gut, ich nehme sie.

Nummer 2

+ Verzeihung, ich suche Frau Reinelt, sie ist Sekretärin in der Marketingabteilung.
– Die Marketingabteilung ist in der vierten Etage. Und das Sekretariat ... hm ... Moment, ich denke, links ... Ja, Zimmer Nummer 413. Vierte Etage links, Zimmer 413.
+ Danke schön! Gibt es hier einen Aufzug?
– Ja, gleich hier rechts.

Nummer 3

+ Schumann, Guten Tag.
– Lange hier. Guten Tag, Frau Schumann.
+ Herr Lange, wo sind Sie?
– Es tut mir leid. Mein Auto ist kaputt. Ich komme mit dem Bus. Ich bin um halb drei da. Geht das?
+ Ja, Herr Lange, das geht. Also bis 14 Uhr 30.

Nummer 4

+ Hallo Anna! Was machst du Silvester?
– Tag Christina! Ich mache Ski-Urlaub in der Schweiz mit meinen Freunden.
+ Oh, das ist doch super! Wann fahrt ihr denn?
– Am 27. Dezember und am 3. Januar sind wir wieder da.
+ Am 27. Dezember? Na dann, viel Spaß beim Skifahren. Und gute Fahrt!

Nummer 5

+ Entschuldigung, ich suche die Post.
– Hm ... warten Sie ... Am besten gehen Sie hier rechts über den Marktplatz und dann geradeaus die Luther-straße entlang – ungefähr 100 Meter. Und dann an der Kreuzung – links an der Ecke – ist die Post.
+ Vielen Dank.

Nummer 6

+ Guten Tag, was darf es sein?
– Guten Tag, ich nehme 200 Gramm Käse.
+ Welchen möchten Sie?
– Den aus Frankreich für 2,30 Euro.
+ Bitte schön, 200 Gramm Käse. Sonst noch etwas?
– Nein, danke. Das ist alles.
+ Das macht 4,60 Euro bitte.

Nummer 7

Sehr geehrte Fahrgäste, unser Zug hat 25 Minuten Verspätung. Wir kommen um 13.45 Uhr am Bahnhof Leipzig an. Wir wünschen Ihnen einen schönen Tag. Danke für Ihre Reise mit der Deutschen Bahn. Auf Wiedersehen.

Nummer 8

Sehr geehrte Kunden, wir möchten Sie darauf aufmerksam machen, dass wir in 10 Minuten unser Geschäft schließen. Wir bitten Sie, die Ware an der Kasse zu bezahlen. Danke für Ihren Besuch und auf Wiedersehen.

Nummer 9

Und jetzt das Wetter für morgen. Es bleibt in ganz Deutschland heiter bei warmen Temperaturen. In der Nacht 10 bis 13 Grad, tagsüber 17 bis 21 Grad. Und die Situation auf der Autobahn ...

Nummer 10

Haben Sie starke Kopfschmerzen? Können Sie nachts nicht schlafen? DOLUDIN Extra hilft Ihnen! Mit DOLUDIN Extra vergessen Sie die Schmerzen und schlafen ruhig – die ganze Nacht!

Nummer 11

+ Guten Tag. Hier ist die Mailbox von: Susanna Meier. Der Teilnehmer ist im Moment nicht er-reichbar. Sprechen Sie bitte nach dem Signalton.
– Hi Susanna! Wo bist du? Der Film fängt in zehn Minuten an. Mensch, du kommst immer zu spät!

Nummer 12

Guten Tag. Hier ist der Anrufbeantworter von Doktor Weber. Unsere Praxis ist vom 12. bis 24. Januar geschlossen. In dieser Zeit ist Frau Doktor Seewald in der Kastanienstraße 34 für Sie da. Die Sprechzeiten sind Montag bis Freitag 8 bis 12 Uhr und Dienstag und Donnerstag 14 bis 16 Uhr.

Nummer 13

Guten Tag, hier ist Lange. Ich bin krank und kann heute nicht zu unserem Treffen kommen. Ich bin bis Freitag krankgeschrieben. Geht es auch nächste Woche Mittwoch um 15.30 Uhr? Bis dahin bin ich wieder gesund. Ich rufe Sie morgen noch einmal an.

Nummer 14

Hallo Schatz, hier ist Mami. Ich komme gegen 18 Uhr nach Hause. Kannst du bitte schon vorher Nudeln kochen? Du weißt schon, acht Minuten und keine Sekunde länger! Also bis dann.

Nummer 15

Hallo Liebling! Stell dir vor, ich fahre gerade am Brandenburger Tor vorbei! Ist das nicht toll? Unser Reiseführer ist fantastisch! Er weiß sehr viel über Berlin und erzählt uns viele interessante Geschichten. Gleich machen wir eine Pause. Also, wir hören uns!

Lösungen

Test 1
Café d

1

Verben: ist – trinken – haben – nehme – trinkst – nehmen

2

1c – 2d – 3b – 4e – 5a

3

2. acht – 3. sechs – 4. sieben – 5. neun – 6. vier

4

a) 3,20 € = Das macht drei Euro und zwanzig Cent.
b) 3,60 € = Das macht drei Euro und sechzig Cent.
c) 2,90 € = Das macht zwei Euro und neunzig Cent.
d) 2,80 € = Das macht zwei Euro und achtzig Cent.
e) 4,20 € = Das macht vier Euro und zwanzig Cent.

5

2. nehme – 3. Sind – 4. kommen – 5. zahlen – 6. macht

6

2. Wo? – 3. Was? – 4. Woher? – 5. Wie? – 6. Was?

7

1. Wie – 2. Woher – 3. Wo – 4. Was – 5. Wo

8

2. arbeitet – 3. sind – 4. kommen – 5. ist – 6. lernen

Test 2
Im Sprachkurs

1

2f – 3b – 4a – 5d – 6e

2

2. die, das – 3. das, der – 4. der, der – 5. das, der – 6. das, der

3

2. Kugelschreiber – 3. Hefte – 4. Handtaschen – 5. Radiergummis – 6. Stühle

4

1. ein, eine – 2. ein, eine – 3. ein, ein – 4. ein, ein – 5. ein, ein

5

1. keine – 2. kein – 3. kein – 4. kein – 5. kein

6

1a – 2b – 3e – 4d – 5c

7

1. Jenny – 2. Gisela – 3. Gregor – 4. Jenny – 5. Familie Diehl

8

Name: Oliver Bergmann
Adresse: Ginsterweg 12, Rüsselsheim
E-Mail: oliver.bergmann@opel.de
Beruf: Ingenieur

Test 3
Städte – Länder – Sprachen

1

2. Das ist das Brandenburger Tor. Das Brandenburger Tor ist in Berlin. Berlin liegt in Deutschland.
3. Das ist der Prater. Der Prater ist in Wien. Wien liegt in Österreich.
4. Das ist die Hagia Sophia. Die Hagia Sophia ist in Istanbul. Istanbul liegt in der Türkei.
5. Das ist der Kreml. Der Kreml ist in Moskau. Moskau liegt in Russland.
6. Das ist das Kolosseum. Das Kolosseum ist in Rom. Rom liegt in Italien.

2

1e – 2a – 3b – 4d – 5c

3

6 – 2 – 4 – 1 – 5 – 3

4

1. Richtig – 2. Falsch – 3. Richtig – 4. Falsch – 5. Falsch

5

1. Basel liegt in der Schweiz.
2. Die Stadt liegt westlich von Zürich.
3. Das ist eine Stadt in Belgien.
4. Die Stadt liegt westlich von Bonn.
5. Nein, im Osten von Belgien.

6

1. Wo wohnst du?
2. Sprichst du Deutsch und Spanisch?
3. Kennst du Spanien?
4. Was studierst du?
5. Warst du in Granada?

7

1a – 2b – 3b – 4a – 5a

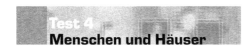

Test 4
Menschen und Häuser

1

1. Richtig – 2. Falsch – 3. Falsch – 4. Richtig –
5. Falsch

2

2. Unsere – 3. Mein – 4. Unsere – 5. Ihre – 6. eure

3

1d – 2a – 3X – 4b – 5c

4

1. dunkel – 2. klein – 3. hässlich, lang – 4. alt –
5. teuer

5

1. der Herd – 2. der Sessel – 3. der Esstisch –
4. die Waschmaschine – 5. das Sofa

6

2. keine Schreibtischlampe – 3. einen Wohnzimmertisch – 4. das Waschbecken – 5. kein Bett –
6. die Tassen

7

1c – 2a – 3d – 4e – 5b

Test 5
Termine

1

1. Berlin: halb sieben – 2. Moskau: Viertel vor
neun, Sidney: Viertel vor fünf – 3. Rio de Janiero:
zwanzig nach zwei, London: zwanzig nach vier

2

1. um – 2. bis – 3. Von – 4. bis – 5. um – 6. nach –
7. von – 8. bis – 9. am – 10. um

3

2. war – 3. war, hatte – 4. hatte – 5. war

4

1. Falsch – 2. Richtig – 3. Falsch – 4. Richtig –
5. Falsch

5

1. Wir gehen nicht oft in die Disko.
2. Ich komme morgen nicht mit.
3. Wir treffen uns nicht am Samstag.
4. Am Freitag um neun kann ich nicht.
5. Ich rufe dich morgen nicht an.

6

2. Die Show fängt um zehn Uhr an.
3. Ich rufe am Montag um acht Uhr an.
4. Ich stehe morgen um 7:30 Uhr auf.
5. Wir gehen oft am Samstagabend aus.
6. Sie kauft/kaufen gern und viel ein.

7

1 – 6 – 3 – 2 – 5 – 4

Test 6
Orientierung

1

Markus: 3, 5 – Gerlinde: 1, 2, 4

2

1. von, in – 2. zur, mit – 3. in, in – 4. bei – 5. am,
mit

3

2. In der ersten Etage rechts.
3. Im Erdgeschoss links.
4. Im Erdgeschoss rechts.
5. In der ersten Etage links.
6. In der dritten Etage rechts.

4

1. auf – 2. vor dem – 3. neben – 4. unter –
5. zwischen

5

2. fünften Zweiten – 3. dritten Zehnten – 4. acht-
zehnten Sechsten – 5. zwanzigsten Neunten –
6. sechzehnten Elften

6

1d – 2c – 3a – 4e – 5b

Test 7
Berufe

1

1b – 2d – 3e – 4c – 5a

2

1. Der Frisör schneidet die Haare.
2. Die Lehrerin unterrichtet die Schüler.
3. Die Ärtzin untersucht die Patienten.
4. Der Verkäufer verkauft Tische und Stühle.
5. Der Animateur organisiert eine Party.
6. Die Kellnerin bringt Kaffee oder Tee.
7. Der Automechaniker repariert die Autos.
8. Der Programmierer schreibt Computer-programme.

3

1d – 2b – 3e – 4a – 5g – 6f – 7c

4

1b – 2b – 3a – 4a – 5a – 6b – 7a – 8a – 9b – 10a

5

1. kann, muss – 2. muss, muss – 3. kann, muss – 4. kannst, muss – 5. muss, kann

6

1. Ich muss heute nicht lange arbeiten.
2. Du kannst früher nach Hause gehen.
3. Wir können heute Abend ins Kino gehen.
4. Ihr müsst morgen nicht früh aufstehen.
5. Er kann morgen lange schlafen.

Test 8
Berlin sehen

1

1. Richtig – 2. Falsch – 3. Richtig – 4. Falsch – 5. Falsch – 6. Falsch – 7. Richtig

2

2a – 3b – 4c – 5c

3

1. wollt, wollen – 2. wollt, will, will – 3. willst, wollen, will

4

2. zur – 3. über – 4. entlang – 5. an – 6. durch

5

1a – 2b – 3b – 4b – 5a

6

2. ins Café – 3. zur Bank – 4. ins Stadion – 5. zum Bahnhof – 6. ins Museum

7

1. auf – 2. auf – 3. im – 4. neben – 5. in

Test 9
Ferien und Urlaub

1

1d – 2c – 3b – 4e – 5a

2

1. gefahren – 2. aufgestanden – 3. gegangen – 4. gespielt – 5. gebadet – 6. gegessen – 7. getrunken – 8. gelesen – 9. gefallen – 10. gesehen

3

1. einen Unfall – 2. einen Strand – 3. mit dem Flugzeug – 4. im Koffer – 5. in der Fußgängerzone

4

1. habe – 2. haben – 3. ist – 4. ist – 5. haben – 6. ist – 7. sind – 8. ist

5

1a – 2a – 3b – 4b – 5a – 6a

6

Name: Fischer
Vorname: Nadja
Hobbys: Sport, baden, Fahrrad fahren
Wohnt im Camp: nein

Test 10
Essen und trinken

1

Äpfel, Paprika, Brot, Schokolade, Bananen, Spaghetti, Butter, Milch, Eier, Käse

2

200 Gramm Salami – 100 Gramm Leberwurst – Butter, zwei Stück – eine Flasche Wasser – 10 Euro 55

3

2a – 3e – 4b – 5d

5

1. besser – 2. lieber – 3. am liebsten – 4. mehr – 5. am besten

6

1. Richtig – 2. Falsch – 3. Falsch – 4. Richtig – 5. Falsch

7

1a – 2a – 3b – 4a – 5a

Test 11
Kleidung und Wetter

1

Beispiel:
1. Der Mann trägt einen Mantel und eine lange Hose.
2. Der Junge trägt eine Mütze, eine (Winter)Jacke, eine (Winter)Hose und Handschuhe.
3. Die Frau trägt ein Kleid.
4. Die Frau trägt einen Mantel, eine Bluse und einen Rock.
5. Der Mann trägt ein Hemd, eine Hose und ein Jackett.

2

1. lila – 2. orange – 3. rosa – 4. grün – 5. grau

3

3c – 5a – 1e – 4d – 2b

4 a)

1. Welches, Dieses – 2. Welche, diese, Dieser

4 b)

1. den – 2. das, die – 3. die – 4. das

5

dunkles – schickes – elegante – langen – leichten – schwarze – bequeme – bunte – einfaches – weiße

6

1. Falsch – 2. Falsch – 3. Richtig – 4. Richtig – 5. Richtig

Test 12
Körper und Gesundheit

1

Beispiel:
1. Mund, Hände – 2. Beine, Arme – 3. Beine, Füße – 4. Finger, Augen – 5. Arme, Beine

2

1c – 2b – 3a – 4X – 5d

3

1e – 2d – 3b – 4a – 5c

4

1a, c, d – 2b, e

5

1. Iss jeden Tag Obst und Gemüse!
2. Geh viel an der frischen Luft spazieren!
3. Schlaf täglich sieben bis acht Stunden!
4. Mach regelmäßig Yoga und Gymnastik!
5. Trink viel Wasser!

6

2. müsst – 3. darst – 4. musst – 5. müsst – 6. dürft

7 a)

b

7 b)

1. sie – 2. es – 3. uns, ihn – 4. ihn, ihn, mich

Gesamttest
Einheit 1–4

Hören

1c – 2b – 3c
4. Falsch – 5. Falsch – 6. Richtig
7c – 8b – 9a

Lesen

1. Richtig – 2. Falsch – 3. Falsch – 4. Richtig – 5. Falsch – 6. Richtig – 7. Falsch – 8. Richtig
9a – 10a – 11b – 12b

Sprachbausteine

1a – 2b – 3b – 4b – 5a – 6b – 7b – 8a – 9a – 10a

Schreiben

Vorname: Ivan
Alte Wohnung: Hauptstr. 12, Arnsbach
Neue Wohnung: Akazienweg 21, Arnsbach
Mobiltelefon: 0179 / 483 17 05
Umzugstag: 5. Mai

Gesamttest
Einheit 5–8

Hören

1c – 2c – 3b
4. Richtig – 5. Falsch – 6. Falsch
7c – 8c – 9a

Lesen

1. Falsch – 2. Falsch – 3. Falsch – 4. Richtig –
5. Falsch – 6. Richtig – 7. Falsch – 8. Richtig
9a – 10b – 11a
12. Richtig – 13. Richtig

Sprachbausteine

1a – 2a – 3b – 4a – 5b – 6b – 7b – 8a – 9b – 10b

Schreiben

Beispiel:
Sehr geehrte Damen und Herren,
ich komme im Mai für drei Tage nach München.
Können Sie mir Hoteladressen schicken? Ich
interessiere mich für Sehenswürdigkeiten und
Kulturprogramm in München. Können Sie mir
Informationen schicken? Ich möchte auch gern
in einem Restaurant bayrisch essen. Wo gibt es
Restaurants mit bayrischer Küche? Schicken
Sie mir bitte Adressen.
Vielen Dank!
Mit freundlichen Grüßen
…

Gesamttest Einheit 9–12

Hören

1c – 2a – 3c
4. Richtig – 5. Falsch – 6. Falsch
7b – 8c – 9c

Lesen

1. Richtig – 2. Falsch – 3. Falsch – 4. Richtig
5. Falsch – 6. Richtig – 7. Richtig – 8. Falsch
9a – 10b – 11b
12. Falsch – 13. Richtig

Sprachbausteine

1a – 2b – 3a – 4a – 5b – 6b – 7a – 8b – 9b – 10b

Schreiben

Beispiel:
Hallo,
ich heiße … . Dein Brief ist sehr schön. Ich komme
morgen, aber ich kann erst um 19 Uhr. Geht es?
Ich bin gestern nicht zur Arbeit gefahren, denn ich
hatte einen Termin beim Arzt. Ich habe einen Tag
frei genommen. Und wohin fährst du mit dem
Zug? Fährst du auch zur Arbeit? Ich freue mich
schon auf morgen.
Liebe Grüße
deine …

Modelltest Start Deutsch 1

Hören

1b – 2c – 3c – 4a – 5b – 6b
7. Falsch – 8. Richtig – 9. Richtig – 10. Falsch
11b – 12c – 13a – 14 b – 15c

Lesen

1. Richtig – 2. Falsch – 3. Richtig – 4. Falsch –
5. Falsch
6b – 7a – 8b – 9b – 10b
11. Falsch – 12. Richtig – 13. Richtig –
14. Falsch – 15. Richtig

Schreiben

Teil 1

Vorname: Mahmut
Straße, Hausnummer: Littstraße 76
Ort: Leipzig
für (Preis) 287,95 €
Bezahlt: Kreditkarte

Teil 2

Beispiel:
Sehr geehrte/r Herr/Frau …,
mein Sohn / meine Tochter ist krank und muss im
Bett bleiben. Ich kann zwei Tage nicht zur Arbeit
kommen. Ich komme wieder am Mittwoch. Ich
habe meine Kollegin, Frau Müller angerufen. Ich
habe sie informiert.
Viele Grüße
Isabelle Rodet

Auf dieser CD finden Sie Hörtexte für
alle Aufgaben zum Hörverstehen.

Inhalt	Nr.	Titel	Seite
	1	Nutzerhinweis	
	2–4	Gesamttest 1–4, Hören, Teil 1	28
	5–7	Gesamttest 1–4, Hören, Teil 2	28
	8–10	Gesamttest 1–4, Hören, Teil 3	28
	11–13	Gesamttest 5–8, Hören, Teil 1	33
	14–16	Gesamttest 5–8, Hören, Teil 2	33
	17–19	Gesamttest 5–8, Hören, Teil 3	33
	20–22	Gesamttest 9–12, Hören, Teil 1	38
	23–25	Gesamttest 9–12, Hören, Teil 2	38
	26–28	Gesamttest 9–12, Hören, Teil 3	38
	29–34	Modelltest, Hören, Teil 1	43
	35–38	Modelltest, Hören, Teil 2	44
	39–43	Modelltest, Hören, Teil 3	44